南十字星護佑下的新家園

澳大利亞的智慧

林在勇、邵育群　著

前言 FOREWORD

南十字星護佑下的新家園

在「文化」這個詞日漸熱門的今天，許多人正為究竟什麼是「文化」而感到迷惑，它常常在人們眼前展現出各種各樣的姿態，令人們產生與它近在咫尺又距離遙遠的感受。

「文化」被人們廣泛地運用於日常生活中。企業有自己的文化，才能留住人才；家庭有自己的文化，才被譽為幸福；一個社會如果沒有文化，就容易沾染上臭銅味兒；而一個國家如果沒有文化，則可能受到他國的嘲諷。可是，雖然人們頻頻使用「文化」的概念，當真說起來，還確實有一種虛幻飄渺的感覺。

其實，文化原本沒那麼神祕。它真實地存在於我們的生活裡；它就像空氣一樣，充滿了整個地球。我們在人們的衣食住行裡可以找到它；在歌舞遊戲中可以發現它；在宗教藝術中感受到它；在道德倫理中體味到它。它的價值就在於它離人類那麼近，人類通過它來認識自己，並且認識世界。所以，我們最好不要輕易判斷一個國家或民族是沒有文化的，因為這可能是個愚蠢的判斷，做出判斷的人也許要落得個貽笑大方的下場。就像所謂的「文明人」對所謂的「野蠻人」的嘲笑，看似頗有道理，實則軟弱無力。

這也就是我們希望將澳洲原始土著文明和現代文明向大家做一個介紹的原因。希望通過我們的介紹，您能了解南半球的這塊大陸上發生的許許多多有趣的事情。說不定您還會頓覺眼

界大開哩。

關於澳洲文明，人們的興趣從來就沒有減少過。先不說其它的，單是澳洲那些長得稀奇古怪的袋鼠和無尾熊（樹袋熊、樹熊）就足以讓人們驚喜萬分了。袋鼠是澳洲獨有的，它已經成為這片土地的象徵，就像鬱金香對於荷蘭，楓葉對於加拿大，熊貓對於中國一樣。而澳洲不僅有袋鼠，它的土著文化更加吸引人，因為當地原始土著的生活中充滿了現代人希望解開卻又一時難以找到完滿答案的謎，它們對現代人的吸引力是很大的。也許現代人在乎的並不是答案本身，而是這些答案背後蘊藏著的人類先輩的祕密。現代人總是不畏艱難地渴望找到生活的最初面目。

於是就有了這樣一本關於澳洲古老文明的書。其中的內容也許非常瑣碎，但相信澳洲土著生活的本來面目就蘊藏在這些瑣碎之後。您可以看到土著怎樣把「飛去來（迴力鏢）」玩得出神入化，又能不借助任何工具，爬上高高的桉樹；他們和獵物鬥智鬥勇，與大自然和諧相處。土著們在樹皮上畫畫，在小河邊歌唱；他們在同伴的葬禮上悲極而泣，在圖騰儀式上盡情舞蹈……原始土著的生活在我們眼裡也許非常簡單，但簡單中潛藏著土著與自然漸漸融合的辛酸和快樂。這也許還可以代表人類生存和發展過程中的一小段。

原始土著的一生幾乎是在儀式中度過的，從少年時的成丁禮到以後一個接一個的圖騰儀式，還有部落成員離開世界時舉行的葬禮。他們在儀式中扮演著各種角色，並在其中體會各種心情和儀式產生的濃重情緒對心靈的衝擊。土著孩子在成丁禮中成長，土著老年人在尊敬中安享晚年。他們的生活基本上是平和的，而在平和中，我們又能看到各種的智慧，看到土著的心靈世界。

在白人來到澳洲之前，這裡只有黑皮膚的土著，他們是這裡的主人，掌握著自己的生活。但是，當白人闖入他們的生活空間以後，他們就失去了原來的自由和權利，開始了艱難的為生存而奮鬥的歷程。澳洲土著以自己的方式迎接著生活的突變，向世人展示著他們的堅艱不拔。

所以，縱觀澳洲文明史，我們一定會為這片南十字護佑下的家園而讚嘆，讚嘆這裡曾發生過的許許多多事。雖然它們各自都十分微小，不具有驚天動地的震撼力，然而，它們的意義也許就在於平凡和那些藏於背後的智慧所帶給我們的啟迪，它們讓我們了解到人類文明的魅力也許正在於它的源遠流長和不斷發展。

目錄 CONTENTS

前言 FOREWORD 003

Chapter 1 澳大利亞和她周圍的島嶼 009
· 遙遠的南方 009
· 這是一個好地方 010
· 最初的土著 015
· 土著的生活 018

Chapter 2 生命的祕密 025
· 遊戲裡面有學問 025
· 人生的第一張身分證 033
· 強烈的同胞之情 040
· 夕陽無限好 045
· 沒有終結的生命 051

Chapter 3 男人和女人 059
· 分工與協作 059
· 通向婚姻殿堂的艱難道路 065
· 「正妻」和「皮勞魯」 070

· 感情不是第一位的　　　　　　　077

· 奇異的「迴避」習俗　　　　　　082

· 婦女的使命　　　　　　　　　　087

Chapter 4　圖騰的世界　　　　　　093

· 「這是我的父親」　　　　　　　093

· 道德法庭上的審判　　　　　　　100

· 鮮血滴在聖石上　　　　　　　　103

· 巫術的魔力　　　　　　　　　　106

Chapter 5　原始生活的種種色彩　　109

· 激情舞蹈　　　　　　　　　　　109

· 敲打著節拍的歌唱　　　　　　　114

· 透視眼‧樹皮畫　　　　　　　　119

· 少得可憐的衣服，多得多的裝飾品　124

· 講個故事給你聽　　　　　　　　130

Chapter 6　生活的奧祕　　　　　　139

· 執著的奔跑　　　　　　　　　　139

· 吃的學問　　　　　　　　　　　142

· 抓鴯鶓‧爬桉樹‧製石器　　　　145

· 自我保護　　　　　　　　　　　147

· 到處「流浪」　　　　　　　　　151

· 外交禮節　　　　　　　　　　　157

· 捕魚的能手　　　　　　　　160

· 交換的規則　　　　　　　　164

· 手勢語言　　　　　　　　　169

Chapter 7　白人來了　　　　175

· 罪犯的傳統　　　　　　　　175

· 麥夸里的民主原則　　　　　180

· 「民主之父」　　　　　　　184

· 全世界的牧羊人　　　　　　186

· 黃金的誘惑　　　　　　　　190

· 變了味兒的英語　　　　　　194

· 土著的悲劇　　　　　　　　200

Chapter 8　現代澳大利亞文明　207

· 土著的今天（一）　　　　　207

· 土著的今天（二）　　　　　211

· 「我們是怎樣的一些人？」　214

· 我們是這樣的一些人　　　　218

· 平等和不平等　　　　　　　225

· 享受·快樂·運動　　　　　233

Chapter 1
澳大利亞和她周圍的島嶼

遙遠的南方

現在，當我們翻開世界地圖，澳大利亞的地形便清晰地呈現於我們眼前。四百多年前的歐洲人運氣可沒有我們好，他們那時正冒著各種風險，企圖找到一塊「南方大陸」。其實，人類對於所生存的這個地球始終充滿了好奇和疑問。早在古希臘時代，就有一位想像力豐富的地圖家——埃及亞歷山大城的托勒密做了一個大膽的猜想：他在繪製世界地圖時，在印度洋的南端畫上一塊大陸的輪廓，並標上了「Australia」。這是個源於拉丁文的詞，意為「南方」。可是，遙遠的南方究竟有些什麼呢？當時的托勒密可能只有一個朦朧的念頭。進入十八世紀，隨著航海業的發展，歐洲人終於登上這塊「南方大陸」，也逐漸揭開了它的神祕面紗。

澳大利亞雖然有南太平洋上星羅棋布的各個島嶼環繞陪伴，可也算得是地球上最孤單的一個大陸了。歷來，人們把澳大利亞、塔斯馬尼亞島與太平洋上其它島嶼分作兩大部分。但

是，由於它們在人類學、民族學、地理學等各方面都有統一性，所以，在介紹澳大利亞的文化智慧之前，我們有必要先對這兩部分做一個大致的了解。那些像「同弧線」（一個很好的比喻）一樣分布在澳大利亞西面的島嶼共包括四大群島：美拉尼西亞群島、密克羅尼西亞群島、波利尼西亞群島和新幾內亞島，以及周圍的其它島嶼。這些名字都各有來歷。美拉尼西亞的意思是「黑人群島」（「美拉」在希臘語裡是「黑的」之義，「尼西亞」則是「島」的意思），因為島上的土著居民屬於黑色人種，他們的膚色黝黑，頭髮細軟而鬆曲。密克羅尼西亞所屬的馬紹爾群島、吉爾伯特群島等較美拉尼西亞所屬島嶼要小，所以人們稱之為「小島群島」（「密克羅」是「小」的意思）。而波利尼西亞這個名字源於「島嶼的數量最多，占據的海域最為廣闊」，它的意思是「多島群島」（「波利」在希臘語中是「多」的意思）。新幾內亞的名字是荷蘭人取的，他們看到當地居民長得與西非幾內亞的黑人酷似，便稱其為新幾內亞。

澳大利亞、塔斯馬尼亞和四大群島的地理環境、自然條件、土著居民的情況各不相同，所以，下面我們將向大家做一個簡單的介紹。

這是一個好地方

澳大利亞陸地總面積七七〇·四萬平方公里，四面環海，可以說既是大陸，又是一個大島嶼。它位於西南太平洋和印度洋之間，是構成大洋洲的最主要部分。從塔斯馬尼亞州的東南角到昆士蘭州的約克角尖端，大陸南北相距三一五四公里；從

新南威爾斯州的拜倫角到西澳大利亞州的斯蒂普角，東西相距四○○七公里。

澳大利亞擁有兩個世界之最。（一）面積最小——七七○萬平方公里；（二）地勢最低——平均高度為海拔二一○米。它是一塊「波瀾不驚」的平原，上面沒有高山，被人們稱作大分水嶺的東海岸山脈平均高度還不超過六百米。整個大陸自西向東，可以明顯地分成中西部高原、中部平原和東部山地，平均高度為海拔三百米。上面也少有河流，只是在東部有幾條較大的河，其中最大的便是墨累—達令河系。中部的河流主要匯集於埃爾湖（Eyre），它們只在雨季時是流滿河水的，其它季節都會乾涸。澳大利亞沒有內陸海，所以內陸水源相對來說比較少；東部山地又阻礙了來自太平洋的濕風和雲雨，造成中西部地區較為乾旱。澳大利亞的海岸線長達一九六○○公里，在大陸東北部的淺海上，有世界上規模最大的珊瑚礁，人們稱它為「大堡礁」，因為它是一條天然的防海堤。在這裡，巨大的珊瑚礁裡生活著的海洋動物種類可謂世界之冠。大堡礁海域的航程雖然彎曲而危險，但這裡風平浪靜，是世界上最大的避風港，也是世界著名的旅遊地。這裡的海洋公園幾乎囊括了地球上大多數的海洋動物。

除了北部、東部的沿海地帶，幾乎整個澳大利亞大陸的氣候都十分乾燥。占大陸總面積五分之二，處於熱帶的地區氣候炎熱自不待言，內陸地區因氣候變化很大，因此也有溫度較高之時。處於亞熱帶和熱帶的地區越往南，平均溫度越低，乾燥、少雨成了這裡氣候的典型特徵。

塔斯馬尼亞島面積不算大，共計六七八九七平方公里。它位於澳大利亞大陸的東南岸，當中隔著一條海峽。自從一七八八年英國人登上澳洲大陸後，他們便開始了對這塊神祕土地的

探險。一七九五年，新南威爾斯新任總督約翰·漢特從英國來到悉尼（雪梨）。他有很清醒的頭腦，認為應該弄清悉尼附近的地理情況。於是，在他的支持下，兩個年輕的探險家弗林德斯和巴斯便開始了他們的工作。起先，探險的範圍在悉尼周圍。當他們的第五次冒險基本上弄清了東南沿海的情況之後，他們離塔斯馬尼亞已經近在咫尺了。

一七九八年十二月，弗林德斯和巴斯終於找到了他們稱為「一條進入南印度洋的通道」的巴斯海峽，且在塔斯馬尼亞島上做了勘量。他們兩人是最早環繞塔斯馬尼亞航行的人。塔斯馬尼亞雖然因海峽之隔，與澳大利亞分離，但它在地質結構上與大陸相連，是大陸的一部分。

地質學家認為，在距今一百多萬年前的新生代第三紀末第四紀初，地球上發生了最後一次大規模的地殼運動，也就是我們所說的「喜馬拉雅造山運動」。

在這次運動中，澳大利亞西部高原抬高；東部發生了大量褶皺、斷裂和上升，成為東部山地；中部的內海上升為陸地；東南部則被冰雪覆蓋。直到第四紀冰期以後，氣溫上升，冰雪融化，海平面抬高，大陸北部和南部的低地被海水淹沒，分別形成了托雷斯海峽和巴斯海峽，把新幾內亞島和塔斯馬尼亞島同澳大利亞大陸隔開。從此，澳大利亞大陸的基本輪廓也就形成了。

美拉尼西亞位於太平洋西南部，距離澳大利亞並不遠。它由一些大陸型島嶼組成。人們猜測，或許其中一些是沈入大洋中的山脈頂峰。這些島嶼包括（從西北至東南依次）新幾內亞及其附近小島，德米勒爾提群島、卑斯麥群島、所羅門群島、聖克魯斯群島、托雷斯群島、班克斯群島、新赫布里底群島和新喀里多尼亞島；至於斐濟群島，雖然上面住有美拉尼西亞

人，但人們認為它是美拉尼西亞向波利尼西亞的過渡。其中值得一提的是大島新幾內亞，它是僅次於格陵蘭島的世界第二大島。所羅門群島這個有趣的名字是一五六七年由葡萄牙人命名的。他們來到島上，發現土著居民身上佩戴的黃金飾物，以為找到了《聖經》裡所羅門王買黃金的地方，所以，「所羅門」這個名字便被叫開了。新喀里多尼亞這個名字則是由著名的庫克船長命名的。他發現島嶼上森林覆蓋的圓形丘陵形狀頗似蘇格蘭，而在古代，蘇格蘭就被稱為喀里多尼亞。美拉尼西亞諸島嶼面積總和達到九十八萬平方公里，是波利尼西亞和密克羅尼西亞兩者面積的三倍。各島之間的距離很近，站在一個島的岸邊，用肉眼就能看到鄰近的島嶼了。

波利尼西亞各島嶼像「島嶼塵埃」一樣散布在太平洋上，所占的海域面積最大，處於南北回歸線之間。從南至北，它包括了紐西蘭、土布艾群島、塔希提群島、馬克薩斯群島、湯加群島、薩摩亞群島、庫克群島、托克勞群島、埃利斯群島、菲尼克斯群島和著名的夏威夷群島。波利尼西亞各島嶼分布成好像是個三角形，它的三個角分別是東南部的復活節島、西南部的紐西蘭和北部的夏威夷。這些島嶼按其形成因素，可以分成火山島和珊瑚島。火山島上風景如畫，夏威夷群島是個最大的例子，它的峽谷、沙灘和綠樹吸引了無數來自世界各地的遊客。珊瑚島則是太平洋的一大特色，通常是環狀的珊瑚礁中有礁湖。

密克羅尼西亞在希臘語中是「小群島」的意思，它包括了一百個左右的島嶼，這些島嶼的總面積相對於前面提及的其它群島而言小得多。它們從南至北，分別是埃利斯群島、吉爾伯特群島、加羅林群島、馬紹爾群島和馬羅里納群島。它們有的是珊瑚礁型島嶼，有的是火山型島嶼。密克羅尼西亞的各個小

島因為彼此隔開，與外界少有聯繫，所以島上居民從不知道外界還有怎樣的文明。而且，由於海水的隔絕，人們也很難到島上去看個究竟，小島文明因此保持著它獨特的神祕性。

多變的氣候條件使得澳大利亞的植物分布呈現著千差萬別。在澳大利亞正中，是被叫作「澳洲叢林」的灌木林，這裡刺槐叢生，很難行走。埃爾湖至西海岸是西部大沙漠。東南部的桉樹林舉世聞名。桉樹是一種高大的常青樹，它與乾枯帶刺的矮生金合歡組成了這裡的獨特景觀。除了這裡，世界其它任何地方都找不到它們。合歡花還被作為澳大利亞的國花。東北部和北部是茂密的熱帶森林，藤蔓纏繞的高大棕櫚樹、榕樹、桫欏樹和杉樹四季常綠。

澳大利亞的動物甚為奇特，其中最有特色的當屬一百多種有袋動物。它們是一些低級的哺乳動物，包括大袋鼠、小袋鼠、擬袋熊、有袋食蟻獸和袋鼴等。鴨嘴獸和針鼴屬於少有的卵生哺乳動物。其它各色動物還有蜥蜴、蛇、食火雞、黑天鵝、鵬鵬、琴鳥等等。這些動物都生長在自然界，澳大利亞人工馴養的動物唯有狼犬。

塔斯馬尼亞氣候溫和、潮濕。島上植物與澳大利亞東南部的植物性質相同。動物也類似，可種類卻少多了。

美拉尼西亞全部位於熱帶，氣候炎熱、潮濕。島上多山，山上覆蓋著茂密的原始森林，其中包括高大的棕櫚樹、桫欏樹，還有竹子和香蕉樹。因它們枝蔓錯綜纏繞，緊密得難以通行，因此這裡少有人住。開闊的草原上則樹木稀疏。動物種類不多，大多是有袋動物。不過，鳥類卻很多，如極樂鳥、杜鵑、蒼鷺、鴿等等。

波利尼西亞的氣候是海洋熱帶氣候。火山島上雨量充足，島嶼為森林覆蓋；珊瑚島上植物較少。海棲動物十分豐富，陸

地動物和鳥類都不多。紐西蘭的鳥類很有趣，在這裡曾發現過巨形無翼鳥「莫亞」的骨骸——這是一種已經退化了的鳥類，在島上生活時間過長，逐漸失去了雙翼。

　　密克羅尼西亞的氣候也屬於熱帶性氣候。火山型島嶼植物分布豐富，山林覆蓋；珊瑚型島嶼植物貧乏。

最初的土著

　　人們總是好奇地看待遙遠的歷史，那些藏在化石裡的事實真相永遠吸引著我們。時間的流逝帶走了很多東西，但總有一些蛛絲馬跡還存留在這個或那個角落裡，後來人便從它們身上出發，去猜測、去尋找，得出令自己滿意的答案。

　　澳大利亞地區最初的居民來自何處？是土生土長，還是來自亞洲或非洲？很多人類學家都做了猜測。現在已基本上達成了共識。早在一萬多年前（或是五千年前），由於世界性的冰期作用，海平面比現在低（冰河期達到頂峰時，海面比現在降低了一百多米）。這時，印度尼西亞的一些島嶼和新幾內亞各島嶼可能連成一段陸橋，與澳大利亞相連，塔斯馬尼亞則是大陸的一部分。這樣一來，原始人類便可以從東南亞遷徙到澳大利亞。遷移的過程可能很長，持續近千年。冰河期之後，海平面重新上升，於是，澳大利亞大陸與新幾內亞島被海洋切開，巴斯海峽也重新將塔斯馬尼亞與澳大利亞隔開。

　　儘管澳洲大陸上最早的居民來自東南亞這一點似乎已毋庸質疑，可他們是怎樣到達的，卻至少還有一種說法。有的學者認為，八千年前，原始人類從印尼各島乘船漂流到澳大利亞，在西北海岸登陸，再逐漸向東南和南方移動，經過一段較長的

時間（幾百年，甚至上千年）才散布到整個澳大利亞。這種猜測似乎並不如前一種有說服力，因為我們很難想像原始人類憑藉簡而又簡的工具，竟可以做長時間的跨海遠航；即使成功，其偶然性也太大了。

由於各群島之間及它們與澳大利亞大陸間被海水隔開，所以各群島之間的居民幾乎沒有來往和交流。倒是有很多小島因為距離較近，可以互相往來。「我們的現代文明是從四面八方東拚西湊起來的一件百衲衣。」沒有交流，文明程度就難以提高。眾所周知，古埃及和巴比倫互相影響，而中國的漢族文明顯然與蒙古人、突厥人和滿人等有聯繫。這些都是最好的例子，它們足以回答塔斯馬尼亞的文明何以落後？其因並非在於自然條件，比如氣候條件，而是因為塔斯馬尼亞和其它群島被海水隔開了。原始居民一到家，就與外界徹底斷了聯繫。一群人的才智畢竟有限，雖然時間久遠，但文明似乎暫停了一般。

今天，我們有材料證明此地原始居民來自東南亞並非胡亂猜測。比如，目前新幾內亞人種植的食用植物大多屬於東南亞多雨地帶叢林中的品種，如芋頭、香蕉、椰子等。

關於波利尼西亞人的起源，也曾經引起了眾多爭論。人們既依靠現代科學技術分析那些古老的遺跡，又充分發揮豐富的想像力，企圖找到一個圓滿的答案。

西班牙學者基羅斯和法國航海家迪蒙·迪爾維爾認為波利尼西亞的土著並非外來居民，而是在島上土生土長的。他們也是最早提出波利尼西亞土著從何而來的學者。他們的依據是波利尼西亞居民中流傳著許多關於遠古時代發生大洪水的神話。他們認為，神話是當時發生的大陸沉沒和海水泛濫的景象在原始土著大腦中的反映。波利尼西亞群島原來是一整塊大陸，上面曾經有人類文明存在過，後來由於地質變遷，大陸沈入海

水，剩下那些浮在海面上的就成了現在我們看到的島嶼。現代的波利尼西亞居民是當年大災難的倖存者。可是，以後的考古證明，一直到公元五世紀，才有人來到波利尼西亞。所以以上的這種波利尼西亞人是土生土長的觀點就站不住腳了。

到了十九世紀八〇年代，又一個法國人勒遜提出了「紐西蘭起源說」。他的著手點也是波利尼西亞人中流傳的神祕傳說。當地土著傳說，從前有個「夏威克」國。「夏威克」意為「養育者之國」，也就是「祖國」的意思。根據勒遜的考證，波利尼西亞人的「夏威克」是紐西蘭的南島，所以波利尼西亞人原來和紐西蘭的毛利人是一家。可是，我們知道，波利尼西亞人和毛利人的體質形態非常不同，因此，勒遜的猜測也不能成立。

波利尼西亞起源於中國的觀點是維也納的學者羅伯特・涅格爾登提出的。他認為，東南亞新石器文化有三種代表：早期文化的特點是「軸狀斧」，中期文化的特點是「有肩斧」，後期文化的特點是「四稜斧」。四稜斧分布在中國，印尼的蘇門答臘、爪哇等地，也廣泛地分布在波利尼西亞。涅格爾登把中國作為這種文化的源頭，它從中國傳到印度尼西亞，然後又傳到波利尼西亞。因此，他斷定波利尼西亞人的故鄉在中國。

人種學家福南德提出的是「印度起源說」。他的證據是印度前吠陀時期的語言中，月亮女神稱作「幸」，波利尼西亞語言中稱之為「幸那」；而波利尼西亞傳說有個叫「伊里希亞」的國家，正與印度梵文中的名稱「符里希亞」相對應。至於原始人的遷移路線，福南德是這樣說的：印度西北部的居民經馬來西亞半島到達印尼後，經爪哇、新幾內亞南岸、美拉尼西亞，進入波利尼西亞。

美國人霍雷希奧・哈爾也提出過波利尼西亞人的遷移路

線，他認為，他們是從東南亞到印度尼西亞，再沿新幾內亞北岸，經美拉尼西亞各島，到達波利尼西亞群島。

可是，不管是哪條路線，都沒有通過現代科學實驗的測試。人們通過模擬實驗表明，在太平洋上自西向東，漂流到波利尼西亞的可能性為零。

還有一種「美洲起源說」，主張者是挪威的海洋探險家海爾達爾。他的研究重點是波利尼西亞和美洲地區的神話。他發現，這兩個地區的神話有許多相似之處；美洲印地安人和波利尼西亞人的許多傳統習俗也很相像；他們都喜歡製作木乃伊，而且製作過程相同；他們使用的地灶也相同。海爾達爾最為有力的證據是：他親自製作了一隻原始木筏，從秘魯的卡亞俄港出發，經過一〇一天的漂流，到達了波利尼西亞的臘羅亞島，全程四三〇〇多浬。

但是，海爾達爾的觀點仍然不能解釋為什麼波利尼西亞語和馬來語非常相似。所以，他也沒有找到一個完美的答案。

從以上的介紹中，我們可以看出澳大利亞及其附近島嶼上土著的起源是個複雜的問題，並不是一時之間就能找到答案的。至於究竟哪裡才是澳洲土著的故鄉，還有待於人類學、考古學、語言學、民俗學和海洋學等多門學科的共同研究。希望不久的將來，我們會得到滿意的結果。

土著的生活

澳大利亞土著的生活，我們將在後文詳細介紹，這一節我們只對塔斯馬尼亞、美拉尼西亞和密克羅尼西亞土著的生活情

況做個大致的了解。

　　自從一八七六年最後一個塔斯馬尼亞女人特魯加尼娜死去之後，塔斯馬尼亞文化便斷絕了。當地土著的悲慘命運始於一八○三年第一批英國殖民者到來之時。在此之前，他們的生活雖然簡單，卻擁有寶貴的自由。

　　塔斯馬尼亞人生活在部落中，各個部落有自己的一片活動天地，互不干涉。他們常常裸體。雖然他們有袋鼠皮做的衣服，還有禦寒的斗篷，可裸體仍是第一選擇，哪怕天氣寒冷。土著們用狼牙棒作為武器，捕捉動物。將狼牙棒水平投出，它便旋轉著往前飛，擊中目標。他們不愛吃魚（西方學者認為，在塔斯馬尼亞人中，吃魚是受禁忌的。可沒有人知道這種禁忌的原因是什麼）。這對於住在海邊的人來說，非常少見。他們在地上釘幾根木樁，拿一條一條樹皮繞在上面，房屋就算建好了。這樣的房子沒有頂，根本抵擋不住寒風。冬天時，他們在房子裡面生火，屋子裡（這樣的屋子很難說有裡外之分）依舊很冷。土著相信人死了以後所去的地方比活著的世界更好，至少有更多的東西，這似乎使死亡顯得不那麼可怕。

　　然而，死亡終究是可怕的，關於死後有更多野果和食物的幻想並沒有緩解現實生活的緊張，赤手空拳的土著面對殖民者的槍炮，被迫結束了簡單而天真的生活。

　　關於塔斯馬尼亞人的藝術情況，我們知道的不算太多。可以肯定的是，他們受到澳大利亞土著藝術很大的影響。和澳大利亞人一樣，他們也有岩畫和樹皮畫，另外還有一些浮雕畫。他們的音樂、舞蹈和澳大利亞人的也很相似。

　　美拉尼西亞各島嶼上的居民與其它島嶼的居民較少往來。由於優良的自然條件，其土著居民的生活自有其獨特之處，生產力發展水平在歐洲人來到之前已經比較高了。

美拉尼西亞森林覆蓋，土著居民為了農業生產，便砍伐樹木。這在只有石斧作為工具的年代是件非常辛苦的工作。土地十分肥沃，居民們在上面辛勤地工作，還栽培各種植物。雖然工具簡陋，但良好的土地、氣候條件，加上農民們認真的工作態度，所以，收成每每讓人欣喜。

　　土著居民飼養豬。豬是財富的標誌，養的豬越多，表示財富越多。他們評判一頭豬的好壞是看它有沒有長著長牙，長著彎長牙的豬被認為是好豬。一個男人財富越多，他就可以娶越多的妻子。這也就是說，一個男人養了好多豬，他就可以擁有不止一兩個妻子。娶妻時，男方須付贖金。通常，豬就是贖金。那些長著彎長牙的豬最被看好。

　　美拉尼西亞人的生活不是狩獵——採集型的，所以他們的生活場所得以固定。他們在房屋裡；確切地說，應該是茅屋裡。屋子有頂，是兩面斜頂，不像塔斯馬尼亞人那樣「以天當被」。水上建築和樹上建築是建築物中較為奇特的。其實，從房屋的形狀和結構而言，它們與一般建築物基本相同，只是地點不同。水上建築在海濱的一些淺灘上。這些以海為生的人習慣了在水上的生活，他們以船當步。樹上的房屋是造在木板上的，而木板鋪設在橫著或斜著的樹枝上。之所以如此，可能是為了躲避敵人的突襲或突來的洪水。當然，水上建築和樹上房屋都比較少，多的還是造在地面上的房屋。

　　在美拉尼西亞群島中，新喀里多尼亞和斐濟群島的社會發展水平屬於比較高的地區，它們的部落制也非常發達。通常，部落都有自己的名稱、地域、方言和特定習俗。他們各自保持獨立，部落內部團結一致。每個部落都有首領，首領的權力通常都是很大的。

　　美拉尼西亞群島上的「戰爭風雲」和澳大利亞的平和安寧

形成了鮮明的對比。美拉尼西亞的各個部落之間經常爆發武裝衝突，相鄰部落間似乎很少有和平相處的，更別說互相團結友愛了。在西方人眼裡，對一個美拉尼西亞人來說，只要不是自己部落裡的，都是敵人。他們彼此結仇的原因其實很簡單，可能由於女人的爭吵，也可能因為本部落的成員受傷而懷疑是其他部落的人施行了巫術。一旦仇恨產生，就可能永遠結束不了，土著們會想盡各種辦法，使對方部落受到傷害。雖然流血的行動並不多見，但美拉尼西亞人的殘忍也是太平洋島嶼上比較少見的。

　　與美拉尼西亞爭鬥頻繁相聯繫的是這裡已經出現了奴隸。許多部落把在戰爭中抓獲的俘虜當作奴隸使用，個別的部落會在舉行某個神聖的儀式時打死奴隸作為祭品。而大多數場合下，土著們只是使用奴隸從事一些重體力活，對待奴隸的態度並不惡劣。還有些部落的人選擇購買戰俘兒童，將買來的孩子作為自己家中的一員。由於各個部落實力不同，相對弱小的部落就必須定期向強大的部落進貢，以獲得他們的保護。

　　在美拉尼西亞人的宗教中，最有特色的就是被人們稱為「馬那」（mana）的東西。所謂「馬那」，是指一種看不見的力量，它存在於神聖的物體中，或者在活人身上的神聖部位和死人的靈魂中。通過「馬那」，美拉尼西亞人可以控制和駕御自然力量，可以預測將來，也可以施行各種巫術。美拉尼西亞人認為，一個人如果在哪個方面特別高人一等，就說明他一定具有一種特殊的「馬那」。一個人本身是沒有多大本領的，他的所有才能都是因為他身上的「馬那」。他的本領大，是因為他的「馬那」大；他的本領小，也是因為他的「馬那」小。如果一個人想成為部落的首領，他就必須具有特殊的「馬那」，否則他不可能擁有巨大的財富或非凡的才能。而且，美

拉尼西亞人相信「馬那」的力量滲透到生活的各個角落裡，是無處不在的。因為「馬那」無所不在的影響力，它幾乎成為美拉尼西亞人宗教的基礎，也成為世界各原始民族各種宗教信仰中非常奇特的一種，引起了現代人濃厚的興趣。

波利尼西亞人是聰明的捕魚人，這可能與魚類是他們的主食有關。他們的捕魚工具多種多樣，其中用得最多的是魚鈎。魚鈎也有各種類型，它們可以分別用來捕捉不同種類、不同大小的魚。當地居民最愛吃海龜肉。可是，捉海龜是件麻煩的事，需要許多人一起合作，將海龜趕到一張網內。水性好的人潛入水下，將海龜趕到水面上，人們便可以捉住它，將它放在船上。波利尼西亞人也養豬，可豬肉只有地位高的人才能吃。同樣，魚肉和海龜大多也給一些「貴族」吃，一般人只得吃些植物的果實。所以，儘管一天裡吃了很多東西，卻常覺得餓。

「塔帕」是波利尼西亞人用手工製作的「布」。它不是我們現代人所指的布，而是用經過捶製的樹皮連接而成的土著居民的衣料。一般而言，無花果樹和紙桑樹的樹皮被用來製「塔帕」。人們用刀子從樹上撕下一大塊樹皮，剝下它的肉皮，弄乾淨後泡在水裡，再用木槌在一塊特別的木板上敲打這塊肉皮。幾小時後，一塊方形的肉皮便成形了，把這些肉皮連接起來，就能得到「塔帕」布。「塔帕」上塗花紋，成了波利尼西亞人珍惜的東西。不能把它弄髒，因為它沒法洗。

波利尼西亞最為著名的也許是復活節島上的巨人石像群了。一七二二年的復活節，荷蘭總督羅格溫偶然來到島上，島名由此得來。復活節島是個很小的島，面積一七五平方公里，上面生活著一千多個人。

十九世紀中期，智利的奴隸販子曾把相當於當時島上居民

數量的三分之一，大約一千個居民當作奴隸，販運到智利，充當採掘海島鳥糞肥料的勞動力。因為勞動條件惡劣，在一年不到的時間裡，他們之中的大多數人都死了。剩下的十五個人因為得了天花，被送回復活節島。可是，因治療不及，也離開了人世。所以，人們還沒來得及向他們打聽關於巨人石像的細節，也使這些石像成了世界十大無法解釋的奇跡之一。

整個復活節島上共有六百多座石像，它們的重量從四、五噸到五十噸都有，很多都身高三十呎，最高的足有七層樓那麼高。學者們認為，最早在公元十四世紀以後，復活節島上才有人定居，而荷蘭人是在一七二二年發現這些巨人石像。難道當時的人們能在一百多年時間裡完成如此浩大的工程？於是，人們又開始了猜測。

挪威人托爾·海爾達爾在一系列考察之後認為，巨人石像的雕刻風格和世界其它地方的雕像風格迥然不同，顯然沒有受到外部文明的影響，應該是出自當地人之手。但人們對這個回答並不滿意，因為當時復活節島上的居民尚處在石器時代，還沒有金屬工具，而且島上又十分貧瘠，根本沒有大量體力強壯的勞動力。這樣的條件怎麼可能在短時間裡創造出巨人石像？

從藝術的角度看這些石像，人們認為他們一定具有某種宗教意義，尤其是石像的眼睛。當人們初次發現石像的時候，石像是沒有眼珠的。後來經考古發現，原來石像的頭部曾經鑲嵌著用白色珊瑚石和紅色火山熔岩製成的眼睛。這種鑲嵌方法和中國古代佛像的製作方法相同，眼睛常常是最後加工的部分。把另外製作的眼睛放進石像頭部的眼窩中，就好像石像由此被賦予了視力，可以用眼睛觀察世界了。

雖然復活節島上的巨人石像有許多已經遭到破壞，但人們已經對這些人類文明的奇跡產生了重視之感，並且正在給予他

們越來越多的關注和研究，相信終有一天，人們會明白石像的昨天曾經是怎樣的。

　　密克羅尼西亞各群島上的文化各有特點，互相並不產生影響。有的特點相同，可能因為他們的祖先相同；有的特點不一樣，因為他們所生活的島嶼各自的自然條件不同。

　　馬里亞那群島的土著是查莫羅人，現在已不存在。他們會種植水稻，會製作陶器，這說明他們受到了印度尼西亞文化的影響。奇特的是，他們把牙齒染成黑色。不知這是出於什麼原因？加羅林群島的居民從小便開始學習天文學知識；馬紹爾群島上的土著用樹枝編製的洋流圖讓人讚嘆不已。密克羅尼西亞人的家庭中「男女平等」。這當然不是我們現代意義上的男女平等。丈夫十分關心妻子，而妻子的不貞，丈夫無權過問。婚姻所受的約束很小，離婚是輕而易舉的事。婦女擁有的自由空間非常廣闊。

Chapter 2
生命的祕密

遊戲裡面有學問

　　有人說：「兒童和動物之所以遊戲是因為遊戲能使他們快活，能精確地顯示出他們的自由狀態。」確實，人類文化的各個組成部分——藝術、科學、法律、政治，商業等都植根於原始的遊戲土壤中。

　　人的天性是愛玩的，會玩的才算是聰明人。讀書時，常常奇怪為什麼那個最調皮的男孩卻是讀書成績最好的。後來漸漸發現，原來玩是可以讓人變聰明的，會變著法兒玩的人一定不是個笨蛋。從我們小時候玩的「石頭、剪刀、布」、「老鷹捉小雞」、「捉迷藏」，到現在的孩子們玩的電腦遊戲，雖然形式、內容都大不一樣，而且照一些憂心忡忡的人看來，現代人越來越個體化的傾向，造成人際關係的冷漠，兒童從小就習慣於面對電腦，和電腦說話、交流，而當面對一個活生生的人時，卻不知該如何面對，長此以往，這個世界的前景著實不妙，可不管怎樣，遊戲中一個最基本的因素卻一直沒變，那就

是「競爭」。別一看到「競爭」二字，就立刻想到雙方嚴陣以待，欲拼個你死我活的場景。其實，好勝心人人都有，只要有它，就會有競爭，這也說明了為何在供人們消遣娛樂的遊戲中都有競爭的影子。

在介紹澳大利亞土著的遊戲之前，我們有必要先向大家介紹一下土著兒童的生活情況。以現代人的眼光看，土著兒童無疑是一群可憐的孩子。雖然他們擁有現在的孩子最渴望的自由，他們不用上學，因為沒有學校，他們不用做家庭作業，因為父母從來沒有要求，他們可以隨心所欲地玩，任意在大自然中遊遊蕩蕩，然而，這種自由，這種遊遊蕩蕩實際上是物質手段極其缺乏所造成的，如果將一個現代人投入這種文明，允許他享受這樣的自由，相信能從中獲得樂趣的人是很少的。土著孩子平時除了幫助父母做一些力所能及的活兒之外，能做的恐怕就是在有限的遊戲中尋找一些樂趣了。

威廉‧A‧哈維蘭曾講過「濡化」這個過程：「由於文化是創造的，是學習的，而不是通過生物性遺傳得來的，因此，所有社會都必須設法確保文化完全從一代留傳給下一代。這一留傳過程即所謂的「濡化」，此過程在人一出生之後馬上開始。」❶在濡化過程中，最先起作用的一般是嬰兒的父母，以後，各種各樣的人都會加入這個過程，包括他的家庭成員和家庭以外的人。後者在哈維蘭看來，就包括非正式性的遊戲群體（玩伴），孩子們在這樣的團體中實際上是互相學習、教育的。我們通過孩子的成長過程發現，也許他們從遊戲位和玩伴上學到的東西比學校裡學到的更多，對他們的價值更大。

---

❶ 《當代人類學》，上海人民出版社一九八七年 11 月第一版，第二九四頁。

澳洲土著愛玩，尤其是兒童，而且玩得頗有水平。「飛去來（即迴力鏢）」是澳洲著名的一種狩獵武器，土著從小就要開始學習使用它，而這種學習正是遊戲。「飛去來」是用硬木片做成的。通常人們把桉樹、槐樹和鐵樹的樹根削成合適的樣子──截面扁平，中央彎成鈍角，邊緣磨薄。它的表面常像螺旋那樣，有些拗曲。這種武器既可手持，也可投擲。投擲前，先判斷距離目標的遠近，然後注意風向、風力。「飛去來」被投出後，在空中旋轉著往前飛去，直至擊中目標。如果沒有擊中目標，它又會向原地飛回，落到投擲者面前。熟練的投擲者可以使「飛去來」的飛行路線變得非常複雜，它在空中畫出各種複雜的環形，還會「8」字形地飛行，常常使一邊的觀看者有些莫名其妙。有時候，土著先把它朝前方二十～三十米的地方扔去，它撞到地面後有彈起來，向上竄起，擊中目標。站在一邊觀看的人必須十分小心，因為誰也料不準「飛去來」究竟會朝哪個方向飛去，它常在出人意料的地方打中獵物。這點對土著們獵取飛禽很有好處，他們扔出的「飛去來」能擊中正在飛翔的飛禽，而且有時能一下打死好幾隻。這種高難度的動作真是達到出神入化的境界。

　　「飛去來」和我們現在玩的飛盤十分相像。只是許多飛盤玩起來是兩個人合作的，一個人拋出後，另一個人在對面將它接住。而「飛去來」巧妙在一個「來」字上。究竟為什麼它會飛回來呢？許多民俗學家、人類學家，甚至技術發展史方面的專家也加入到研究工作中來。他們用手或者用一種特殊的「投射器」把「飛去來」投出去，經過多次實驗後發現了祕密：原來「飛去來」的飛行特點與它的形狀、大小和材料都沒有直接的關係，關鍵在於它表面那些螺旋的拗曲，它們非常細微，肉眼幾乎察覺不到。

澳大利亞土著是製作「飛去來」的高手，當然也是投擲高手。這點令歐洲人不得不俯首稱臣，歐洲運動員投擲的「飛去來」劃出弧線的直徑通常不超過五十米，比有經驗的澳大利亞獵人投擲的小了二分之一。所以，許多歐洲人在苦練了一段時間投擲一飛去來」後，儘管也可算作是個老手了，仍不敢在澳大利亞土著面前班門弄斧。

　　其實，澳大利亞還有一種不能飛回的「飛去來」，如果嚴格一點，只能叫「飛去」。雖說能飛回的「飛去來」在我們看來非常奇妙，可澳大利亞土著只是用它來捕捉飛禽，或者只是把它當作運動器具，他們更看重的是另外一種不能飛回的「飛去來」。它既大又重，長 70～100 釐米，重兩百～四百左克左右。如果掌握了正確的技術，我們將看到它在飛行時會旋轉，而且飛得十分遠，可以達到一五〇米，甚至還有到二五〇米的。因為飛行距離如此之長，一旦它擊中目標，殺傷力是很大的。土著們一般把「飛去來」的邊緣磨得非常銳利。據說，它能把人體的柔軟部位打穿。

　　「飛去來」還有一些特殊的類型。比如在澳大利亞北區和昆士蘭西北部的部落裡，人們通常用一種特別的鉤形「飛去來」，它的末端（也就是和手柄相對的一端）上有個鉤形的延續部分，長度是「飛去來」長度的四分之一～三分之一，形狀像個手柄彎曲了的鋤頭。這種有鉤子的「飛去來」是特別針對盾牌設計的。因為一般的「飛去來」在作戰中會被盾牌擋住，而鉤子可以掛住盾牌，將它翻過來，用另一端擊中敵人。

　　不管是使用大的，用來作戰的「飛去來」，還是小的，運動時用的「飛去來」，都必須具有熟練的技能，否則說不定會傷了自己。澳大利亞土著從小就學習使用「飛去來」，兒童通常是比賽誰將「飛去來」投得遠。這並不是件容易的事，孩子

們需要花上很多時間練習。當然，他們用的是小型「體育用的飛去來」。這種遊戲似乎已不僅僅是為了玩，更多的是為了以後的生存。男人的任務是打獵，抓住袋鼠和其它一些肉食動物，這需要他們準確地使用「飛去來」。因為一個男人打到的獵物越多，他在部落中的地位便越高，雖然他並不能一個人獨占獵物，而必須和大家共享。可是，儘管遊戲帶上了一定的功利色彩，卻並未減少人們玩遊戲的興趣。不僅是孩子，成年人也會在他們無需為生活奔忙時玩一玩「飛去來」。

孩子們先站在一邊看父輩們投擲「飛去來」的全過程。投擲「飛去來」之前，必須先仔細檢查一下手上的傢伙，哪怕它已經是自己的「老朋友」了。然後，像拿鐮刀一樣把它握在手中，開始慢慢地轉動它。同時，投擲者仔細觀察周圍的環境，判斷目標的距離，並且估計風力和風向可能產生的影響。在準備投擲的時候，他像打算扔出去似地把它揮動幾次，等一陣風向合適的風吹來的時候，他立刻用盡全身的力氣把「飛去來」投擲出去。開始時，「飛去來」垂直地旋轉著飛，然後翻過來與地面平行，並開始向左轉彎，畫了一個大圓圈以後，就往回飛了。

看完後就得自己學了。在投擲「飛去來」上光有聰明是不行的，還得反覆苦練。只有反覆苦練，才能在掌握的程度上不斷提高，做到熟能生巧，巧裡出精。別的民族也有類似於澳大利亞「飛去來」的武器。比如在西印度和非洲中部，都有一種扁平而彎曲的投擲棒，形狀和「飛去來」非常相像；在古埃及和古代的墨西哥也曾經有類似的工具。可是，它們都沒有飛回來的功能。所以，人們想像，「飛去來」是根據傳入澳大利亞的投擲棒改製而成的。

還有其它帶有競賽性質的遊戲，比如玩球。球是用動物的

囊做的，有的是用頭髮纏的。中國早在戰國時代就流行踢足球的遊戲，最早的球也是用毛糾結而成的，而後又出現了用皮做的球。古人有三種踢球法：一是兩軍對壘，互相攻守；二是踩踏兩球，輪番撞擊；三是玩弄技巧，盡情表演。

澳大利亞土著的玩球遊戲並不是我們現代足球的前身，他們的玩法非常簡單，只是比賽誰把球踢得遠。這種遊戲看上去純粹是力量的比賽，雖然不是沒有包含技巧的成分，卻非常少。這使我們隱約間可以看到，原始人把力量的強大作為強者的象徵，四肢的發達不能說勝過思維的敏捷，但至少兩者是平起平坐的。所以，練就強壯的體魄對於土著，尤其是土著男人來說，是非常重要的。遊戲中失敗者的心情我們已經很難體察到，但只要看到土著把在各方面技能都高人一籌者奉為受尊敬者，失敗者的心情也就不難猜測了。

還有一種角鬥的項目，類似於我們現在的摔角，只是方式多樣，規則也多樣。

與這種功能性很強的遊戲相比，像「挑花繩」這樣的遊戲就是純娛樂性的了。世界上幾乎所有的人都玩過這種用一根繩子變化出數個圖案的花樣。繩子是一件很奇妙的東西，它的功用常常超過人們的想像之外。中國流傳著一句俗話：「出門帶個人，不如帶根繩。」人們可以用它捆東西、畫圓圈、測長度，甚至可以用它結束生命。人們把它作為遊戲的道具不知始於何時，也不知道究竟是誰發明的，只知道它擁有古老的歷史。我們小時候總愛和小伙伴一起，兩人搭擋玩「挑花繩」。可大人會在一邊說：「別玩了！否則明天要下雨的。」但小孩子從來不相信大人的話，哪管第二天是雨還是晴，先玩個痛快再說。有的學者認為，澳洲人玩的「挑花繩」不是歐洲人帶入的，但並沒有給出確鑿的證據。無論這種遊戲的源起怎樣，澳

洲土著確實玩出了一點花樣。最複雜的花樣是一種像龜背殼一樣的圖案，由不規則的四邊形組成。這樣的圖形需要兩雙手合作才能完成。其它還有菱形、橢圓形和「8」字形的排列，看上去似乎比我們兒時玩出的花樣更豐富。可他們沒有我們可以在一個手掌上完成的五角星。「挑花繩」遊戲大部分是兒童和婦女玩，可在某些地方，男子也參與進來。也許這是他們緩解緊張的狩獵生活的好辦法。

澳洲土著也有玩偶，可那是再簡單不過的了。它可能是一塊樹皮或一塊泥土，上面裹了點兒草，也可能就是一塊木頭。孩子們手拿這樣的玩偶，幻想著他（它）對自己說話，向自己提問。當然，玩偶也會被問上許多問題，可通常不必回答，因為提問的孩子自己心裡已有了答案；即使沒有，他（她）最終也會找到。他（她）只是想對玩偶說說話。在一個極其簡單的世界裡，人們的想像力有多大的空間啊！尤其是孩子們，玩偶的眼睛、心靈和話語全都在孩子們的心裡，孩子們愛怎樣的眼睛，玩偶就會有怎樣的眼睛，孩子們希望聽到什麼話，玩偶就會說出什麼樣的話。

多美妙的交流！這令我們想起小時候玩的過家家。那時候，我們已經有了能讓我們隨意擺布的娃娃，而且還是「洋娃娃」。我們把自己想像成她們（他們）的媽媽，照顧她們，帶她們去玩，我們把自己所有的想像都加到她們身上，以完成一個小小的夢。這和澳洲土著兒童不是很相像嗎？只是我們的娃娃有漂亮的衣服和大大的眼睛，而他們則幾乎所有的一切都藏在心中，需要慢慢地挖掘。看來，人類從童年起就渴望有朋友陪伴，人的天性是害怕孤獨的，只是現代的物質文明使我們的夢做得越來越逼真，越來越大膽，也使我們更愛做夢，把現實世界裡不能說的話都放到夢裡。澳大利亞土著兒童也許在還不

能說話的時候，就已經會對著「娃娃」「訴說」了。這是一種奇異的心靈交流，它能溫暖孩子們幼小的心。

還有一個遊戲是世界各地都能看到的，那就是「捉迷藏」。捉迷藏的遊戲滿足了人們做隱身人的願望。藏在一個角落裡，看著同伴焦急地東西張西望，心中暗暗竊喜。或者把同伴中的一個眼睛蒙住，其他人在他身邊跑來跑去，從他的手邊滑過；他們故意發出錯誤的訊息，讓他朝著錯誤的方向跑去。

澳大利亞土著玩的捉迷藏帶有模仿的色彩。他們把蒙住眼睛的人當作是一隻蜜蜂，一旦他捉住了同伴中的一個，他會像蜜蜂一樣刺他一下，算是對他的懲罰。土著在很多場合下都會模仿動物的各種動作，而且學得很像，這與他們的仔細觀察分不開。土著們相信動物是有靈魂的。每個部落都有圖騰，而絕大多數圖騰都是動物。他們對自己所屬的圖騰的生活習性和生活環境十分了解，模仿起來個個惟妙惟肖。就兒童來說，對現實世界的特徵做精確的模仿也許是在向他自己揭示生活的奧祕。他們在扮演某種角色的遊戲中征服現實，在一種非功利的意義上比附現實。

男女老少都做遊戲，男人把遊戲作為「狩獵工作」的延續，女人和老人藉著遊戲作消遣，而孩子們在遊戲中成長。這一點，現代人似乎和他們沒有很大的差別。雖然生活節奏越來越快，工作的擔子也日益加重，可越是如此，現代人越是希望從遊戲中找到安慰，也創造出更多的遊戲來。

澳洲土著孩子們從遊戲裡認識世界，學會生存的手段，知道做人的規矩。沒有學校和老師，遊戲教會了他們很多。直到成人禮舉行的那一天，上一輩的人才會傳授知識。在此之前，只有遊戲。這恐怕就是遊戲對於土著居民最大的意義了。

人生的第一張身分證

兒童渴望長大，少年渴望成熟。成人世界對於那些因年齡未到而被排斥在外者充滿了吸引力和誘惑。一旦踏入成人世界，他們便可以獲得尊重，得到參與成人集體活動的權力；他們有權發表自己的意見，也會因各種實踐而得到許多經驗。總之，他們將不再幼稚，不再膽怯，真正成為一個成熟的人。

現在的年輕人到了十六歲（台灣為十四歲），就會領到一張身分證。這意味著什麼？這意味著你已被這個社會認可，是個合法的公民了。你無需為這張身分證去做些什麼，只要遵紀守法，這張身分證自然是你的，哪怕你的心理年齡仍然太小，或者你的心理年齡早已超過了十六歲。

對於一個現代社會，也許只能通過這個辦法來發放第一張身分證。龐大的人群、複雜的社會關係、緊張的節奏和狹窄的生活空間，使個人的真正成長不再被人們關注，也或許是人們無暇去顧及。到了歲數，就該懂事了。至於是不是真的「懂事」了，誰會有空去關心一下呢？每個人都很忙呀！就在種種托辭下，日子一天天過去了，我們長大了。

最近在都市生活中也出現了「十八歲成人儀式」這樣的新鮮事。十八歲的少男少女們齊集在某一個會館禮堂，或是在城市的標誌性建築物前，共同宣誓，他們從此進入人生的又一個新階段。我們不知道青年人受到的心靈震撼究竟有多大，但哪怕他們的心只是稍稍被牽動了一下，我們也會感到欣慰，因為他們知道社會始終是關心他們的，年輕一代永遠是社會的希望。這將是他們成長的最大動力，他們不久以後就要開始大顯才華了。

在遙遠的澳洲文明中，人的成長是件大事。一個男孩成長

為一個男人是整個部落的人都為之關心的事。土著居民相信只有能夠經受各種考驗的人才是真正的成年人，所以他們對那些渴望成人的男孩所施加的考驗是漫長而艱巨的。這個儀式被稱作「成丁禮」（initiation）。「丁」就是「成年人」的意思。參加成丁禮的男孩已達到年齡的要求，而通過成丁禮的就是「堅強者」，他們有資格說：「我是大人了。」

成丁禮是個漫長的過程。時間在很多時候確實功效非凡，它能讓人忘記許多東西，也能讓人學會忍受，還能讓我們看清事情的本來面目。由此，我們就可以理解「漫長」的必要性了。男孩們被隔離，他們不許和婦女、兒童待在一起，甚至不能被她們看見；他們必須長時間與男人共處，和他們一起狩獵，練習使用各種武器。他們會受到身體某些部位的傷害，而在傷口痊癒之前，隔離期是不會中斷的。

成丁禮的最後，也就是這個漫長過程的最高潮，是敬神儀式。這是全部落盛大的儀式，一個個環節有板有眼，有條不紊，每個環節都需要時間的保證，尤其是隔離期。土著們清楚地知道，唯有能夠忍受痛苦和煎熬，唯有能夠抵得住女人的誘惑，唯有能夠捱得住寂寞，男人才算真正地站立起來。這種痛苦不是輕易能忍受的。男孩們也許面對的是被打掉牙齒（通常是門牙），或者被拔去頭髮。

維拉久里部落就有這種打掉牙齒的手術：男孩雙腿站在一個專門的坑內，一個部落首領緊緊抓住他的兩手，使他把頭向後仰。這時，有一些巫師走向男孩，讓他張開嘴，壓住上牙床，用自己的下牙扳掉他們的上門牙。如果牙齒勉強才拔掉，那這個男孩就被認為是同婦女們廝混得太多，同姑娘們玩得太多。然後，土著們會把拔下來的牙齒仔細收藏起來。如果連這兩項都無法忍受，那他是絕對不能通過成丁禮的。有些部落的

考驗更為殘酷。

例如，在阿蘭達部落，參加成丁禮的男孩被稱作「獻身者」，他們必須實施割包皮的手術。這種手術在澳大利亞中部的許多部落非常流行，是整個成丁禮中最重要的部分。割包皮的儀式叫作「割禮」，執行割禮的人是整個儀式的光榮人物。手術結束後，男孩必須遵守許多飲食上的禁忌：他不能吃最美味的食物和最有營養的食物，如負鼠肉、小袋鼠肉、袋鼠的尾巴和屁股、鶓鶓的內臟、蛇、任何水鳥，吃動物的腦髓時不能弄碎骨頭。

在「割禮」之後五、六個星期左右，還會進行另外一項手術——在男孩的生殖器上劃一道縱向的切口。伴隨著這個手術，土著們翩翩起舞。或許，對一個男人最大的考驗便是看他是否能忍受其生殖器所受的傷害了。在這種近乎殘忍的考驗方式背後隱藏的是什麼？是土著們對自我的挑戰嗎？還是更多地想證明什麼？在今天的文明人看來，這種行為既殘忍又有些愚蠢，是野蠻人的行徑。可野蠻人的思維也自有其完整的邏輯，甚至他們的勇氣也不得不讓我們佩服。其實，現代人在精神上自我折磨的強度有時甚至超出了野蠻人肉體傷害的強度，只不過這種內在的緊張和震動不易為人所輕易覺察而已。自我欺騙是文明人慣用的一招。

另一種殘忍的考驗方式是讓獻身者裸體躺在一根樹枝上，他的下面就是一堆燃燒著的篝火。他必須忍住被烟熏上四、五分鐘。有個歐洲人曾經嘗試過，最終由於忍受不住而逃開了。火的考驗對於土著們而言非常重要，男孩們一定要通過，而且不能露出絲毫不滿或抱怨的情緒。許多年輕人為了順利通過，要在儀式前先做練習，以培養自己的忍受力。土著成年男子還會在男孩接受過割包皮的手術後輪流咬他的頭。他們認為，這

樣做之後，頭髮會長得更好。

在澳大利亞北部馬里巴勒部落中間，參加成丁禮的男孩必須和相鄰部落參加成丁禮的男孩展開一場廝打。這是兩個部落事先商定好的。廝打不是裝模作樣，而是動真格的，還會有成年男子加進來，不到流血程度是不會停止的。這樣安排的目的也許是想讓部落的保衛者從小便練就真工夫，長大後不致在部落間的鬥爭中膽怯，做逃兵。

除了這些肉體的傷害，獻身者面對的還有女人們的誘惑。獻身禮的部分程序是允許婦女參加的。比如在成丁禮開始時，土著們把男孩們放在露天，在他們身上塗上油脂，然後畫上彩色，這個步驟必須有婦女參加。婦女們唱著歌給男孩訓誡，告訴他們，不許再和婦女或女孩們玩耍。可許多重要的程序是不允許婦女參加的。像剛才提到的割包皮手術，實施手術時婦女必須迴避。而且，男孩們從成年男子那裡聽來的部落的圖騰故事和部落聖物的祕密一定要對婦女保密。但在某些儀式上，婦女們會竭力做出色情的動作引誘那些男孩，男孩們則必須不為所動。這和澳洲土著的婚姻制度有關，它要求同一婚姻級中的男女不能互相通婚（我們將在第三章做詳細的介紹）。這一點是對人們情慾的嚴格限制，違反它的規定，會受到很重的處罰。所以，部落長老把抵制婦女的誘惑作為成丁禮的一部分是很有深意的。而且，有某種觀點認為，亂倫是英雄獲得重生的一種方法，英雄需要「二次誕生」（twice born），方能成為英雄。這也成為澳大利亞土著舉行成丁禮的一個理由，並且在成丁禮中安排婦女引誘這一關。

這簡單的考驗內容包括了男人一生中將會遇到的兩個最主要的問題——事業和女人。當然，「事業」是現代人的語言，對於土著居民而言，就是他狩獵的成績和他在部落中的地位。

事業成功需要的是毅力、耐力和技能。女人是男人一生的伴侶，他們必須謹慎地約束自己的欲望，以免違反部落的規矩。所以，儘管存在一夫多妻的現象，但並不表明男人可以放縱性慾。如果一個獻身者在事業和女人這兩個問題上都經受住了考驗，那麼土著們就會認為，他算是成功了。

參加成丁禮的男人們必須在身上塗抹各種精緻的圖案，這裡面包含著圖騰信仰的含義。但身上塗滿油彩可不是舒適的事兒，所以，男人們是迫不得已才這麼幹的，一旦能將它們抹掉，他們是不會有絲毫遲疑的。可有的部落規定，只有聽到雷聲，才能抹掉圖案，因此他們最喜歡雷聲了。不過，其他的土著居民卻視雷聲為恐怖，非常害怕。

讓我們看一下澳大利亞中部阿拉巴納部落的成丁禮。儀式開始時，人們突然抓住男孩，強迫他們跟隨他們到男人的住宿地。女人們正在那裡跳著夜舞。男孩被蒙住雙眼，躺在地上。第二天早晨，人們把男孩帶到叢林裡。這一天當中，他跟著祖父到本部落的遠近相鄰部落去拜訪，邀請他們來參加節日（各個部落的成丁禮雖然程序各有不同，但幾乎都會有與其他部落相互交流的程序，這使得成丁禮成為部落中一項十分重要的社會活動。而且，一個部落邀請其他部落參加儀式還有一些研究。比如在庫爾奈人的五個部落中，四個有相似的成丁禮，他們互相邀請參加儀式，而第五個部落沒有自己的成丁禮，那四個部落就不允許他們參加儀式）。一路上，隨行的男子表演著各式舞蹈，讓他第一次看到神聖的圖騰儀式。割包皮的儀式直到日落之後才舉行。人們把男孩放在一個由他的三個「父親」組成的「手術枱」上，由祖父和舅父一起將這個儀式完成。然後，一個哥哥把剛動過手術的男孩帶到森林裡，把一塊小板子交給他。這塊板就叫「響板」（bullroarer），是一塊神聖的

板。哥哥囑附男孩，決不能讓孩子、婦女們看見它。在傷口還沒有瘢癒之前，男孩就只能留在森林裡。他必須打獵，並把獵物分給老人，而且不能讓婦女看到，直到人們重新把他帶回男人的營地。

不僅土著男孩要參加成丁禮，女孩也有屬於她們的獻身儀式。成丁禮意味著姑娘們從此準備去過將來的結婚生活，去生育和教養孩子。儀式一般在女孩進入性成熟期和結婚年齡的時候舉行。在澳大利亞中部和北部以及昆士蘭的許多部落裡，所謂的「獻身」，就是使女孩們失去貞潔。一個女孩被部落中的一群男子征服後，她就被確定為一個男子的妻子。

在阿蘭達部落裡，成丁禮中包含了許多巫術的成分。他們為女孩舉行成丁禮的目的是想加速女孩乳腺的發育，所以儀式中男人們會念加速乳房發育的咒語。這些男子的身分是有規定約，他們不能和這個女孩同屬一個胞族（關於「胞族」這個概念，我們會在第三章做介紹）。因為澳大利亞土著不允許同一個胞族中的男女結婚，所以同一胞族中的男子念讓女孩乳房加速發育的咒語是沒有意義的。這些男子中的一個在念完咒語後，就把女孩帶領到一片樹林中。女孩的身上擦著油脂，兩個乳房周圍是用赭石畫的幾個大的同心圓，從每個乳頭開始，都畫有一條向下的直線。這樣做的用意十分明顯，是和前面念的咒語相配合的。女孩脖子上帶著用負鼠毛做的繩子，身上其他部位也帶著各式各樣的裝飾物。女孩在樹林中的一個住宿地住下來，直到身上畫的線條、各種色彩及裝飾物都自行脫落為止。

總的說來，女孩的成丁禮相對於男孩的來說，要簡單很多，而且人們對她們的儀式知曉得更少，好些儀式的程序都沒有記載下來，現代人只能做些皮毛的了解，以滿足好奇心。

成丁禮也被看作是土著的人生第一節課。雖然他們已經在童年的遊戲裡學會了很多技能和知識，但那只是無意識的，真正的第一堂由成人們傳授知識的課是成丁禮。在這堂課上，獻身者其實已受到了成年男子的待遇，他們學習了各種有關狩獵、敬神儀式的知識，有些知識還強調不得洩露，比如關於儀式的內容。所有這些教育的內容都使成丁禮顯得莊重而崇高，它不僅是一個儀式，它不僅是一段程序，它更是一本演繹出來的教科書，一本關於如何生活的教科書。

　　前面提到，成年禮是整個部落人人關心的事，雖然婦女、兒童不允許參加，可在某些儀式裡，她們仍起了一定的作用。何況，她們從始至終都熱切地關心著。這些參加成丁禮的男孩對於部落，意味著希望，唯有他們堅強、出色，部落才可能興旺持久。部落的存在和發展是每個土著居民的依靠，所以成丁禮在他們看來是如此重要。生存空間日趨縮小的我們，似乎有些害怕身處的群體對自己施加過多的干涉，哪怕別人善意的關心也可能被誤認為是惡意的打擾。社會密度越來越大，使得其中的個體都有些不自在，以至於大呼「保護隱私」。而土著們只有依靠群體才能生存卻是不爭的事實。廣闊的土地，雖然沒有猛獸的威脅，可如果沒有合作，他們可能會餓死或者凍死。因此，群體會對下一代的成長給予非常大的重視，會對他們實施種種殘忍的手段，因為這所有的一切都是為了群體的明天。

　　人生的這一張身分證並不是人人都能拿到的。我們看著那些弱小幼稚的倒下去，強壯成熟的則昂首挺胸地走入成人世界。成人世界意味著權利和義務，那些曾經是男孩，如今已通過成丁禮的男人將負擔起部落生存的擔子，開始他們漫長而艱辛的人生。

強烈的同胞之情

中國哲學早有關於「群己之辨」的論述，而丹麥哲學家齊克果曾說：「每個人都有自身的精神自由，卻要生存在群體中。」中西方文化雖有異相，但亦有共相，那就是「如何面對人類生存的困境」。個體和群體的矛盾可謂人類生存中的首要矛盾，它困惑人們已至千年，至今人類對它仍不得要領。個人對於欲望的追求與生俱來，現代文明肯定了這種追求，並為它制定了種種規則，從而對個體的行為加以約束。也就是使該個體所在的集團內部的各個個體達成一定的協議，不致使其中的某一部分受到傷害，或者即使受到傷害，也要儘量使其程度降到最低。這也就是現代社會的所謂的「制度」。人們希望通過制定規則，遵守規則，達到「fairplay（公平競爭）」的結果。但是，其實，人雖一向主動選擇制度，到頭來卻總是成為被制度選擇的對象。所以，個體與群體的矛盾始終存在，以至於成為文學家筆下永遠的題材。

在原始的澳洲社會中，這個困擾現代文明人的問題似乎並不存在。單個土著離開群體就無法生存，他既不能一個人完成狩獵工作，比如一個人抓住一隻大袋鼠什麼的，又不能在面對危險時得到幫助，他可能會餓死，也可能被打死。總之，單個人的生活既不安全又無保障，因此，土著們是不會離開群體而單獨生活的。

澳大利亞土著以群體方式生存，一個群體被稱為一個部落。在人類學研究中有所謂的「共同利益社團」，這些「共同利益社團」是出於個人偏好或社會需要產生的。它們是都市化社會的產物，是年齡和親屬集團之外的另一種新興團體，而且它幾乎打破了前兩種集團一向保持的神聖性。但是，如果我們

把澳大利亞土著的生存單位——「部落」也看成是個「共同利益社團」，似乎也未嘗不可，因為維持生存是土著居民的首要任務，他們在血緣的基礎上以相同的最高利益結合在一起。在歐洲人進入澳洲原始文明之前，這裡大約有幾百個獨立的部落。根據摩爾根的定義，「部落」是一種由操同一種方言的氏族組成的組織，它具有一塊領地和一種宗教信仰，是自然形成的。

在澳洲，各個部落都有著明顯的特性。首先，它們是以名字互相區別的。比如，阿蘭達部落我們已在前面認識過了，其它的有與阿蘭達部落相近的開蒂什部落、伊利皮拉部落和澳洲北部的瓦拉孟加部落、烏爾馬拉部落等等。其次，各部落都有自己的語言、習俗。有時婚姻制度也不盡相同。尤其是澳大利亞中部的沙漠地區，部落的分布十分分散，互相間的不同點就更多。有時候部落與部落之間並沒有確定的界限。在一些人口稠密的地區，相鄰的部落幾乎沒有距離，他們往往說同一種地方話，有相同的習俗，甚至名稱也相同。好些時候，外來的調查人員根本區分不出一大群土著居民究竟是屬於同一個部落還是兩個部落。

澳大利亞土著部落同北美或南美的印地安人、非洲各族部落相比，顯得不夠發達，他們在大多數情況下沒有定期的全部落會議，也沒有一個領袖式的人物。因而可以說，澳大利亞的部落還處於萌芽狀態。

因為部落的人數比較多，它還會分成幾個群體，每個群體都有名字，是按照它所在的地方名稱稱呼的。大的群體占地可達二五〇平方公里，小的只有幾十平方公里。像這樣按照所占地域劃分部落只是各種劃分辦法中的一種，最重要的一種是根據婚姻關係劃分。這我們將在第三章做介紹。但不管怎樣的劃

分，部落始終是澳大利亞土著居民的最終歸屬，是他們終身的依靠。

土著們生活在部落中，以此得到群體的保護。民以食為天，個人生存於群體中，先有了食物的保障。澳洲土著中，無論誰打獵獲得食物或是採集來的食物，都拿出來供所有人分享——即使是那些不參加勞動的老弱病殘。這讓人不由得想到《動物世界》裡的一幕場景——黑白交錯的斑馬群離開一個居住點，朝另一片草地遷徙。突然，幾隻獅子衝入馬群，尋找下口的對象。這時，往往是那些老弱病殘成為犧牲品，而它們的同伴只能眼睜睜地望著，顧自逃命去了。斑馬在凶狠的「獅子王」面前實在太弱小，又何況其中的更弱小者呢！土著中的老弱病殘可幸運多了，雖然自身的各方面條件限制了他們的活動，可同部落的其他人無私地幫助了他們。同部落的人幾乎一起參加對外的活動，且在對外時堅決保持一致的態度，絕對沒有什麼「內訌」事件發生。這在部落間的戰爭中可以明顯地看出來。澳洲各部落的關係基本而言是和平友好的，這與他們比較原始的社會形態有關，部落間無須為爭奪資源、爭奪生存空間而拚個你死我活。但這並不意味著它們之間永遠相安無事，老死不相往來。他們也會發生戰爭。狩獵資源、生存空間雖然並不稀缺，可也會成為爭奪的焦點。

當然，在現代人眼裡，這可能只是些小打小鬧，但對土著而言，這可是全部落的大事，他們會全力以赴，共同對敵。成年男子自然是作戰主力，婦女和兒童是輔助力量。他們用的是飛去來器和長矛，女人們還會帶上採集果實用的工具採掘棒。一旦本部落的一個男子倒下，就會有個老婦人上前掩護他，以防止他再次受到傷害。這就是部落中人與人的情誼。面對危險，沒有人退縮，因為退縮是對不起部落的，而部落是他們的

依靠——退縮意味著他將失去依靠。

　　一致對外的同時，土著們在部落成員的「私人事件」上都給予最大程度的關心和參與。這裡其實已不存在什麼「私人事件」了，一個人的事就是大家的事。比如婚姻這件事，男女雙方當事人是沒有權利自主選擇的，因為部落長老或首領早已有了決定。婚姻不純粹是兩個人的事，它的影響遍及部落的各個角落。這個現象如果從另一個角度看，我們也許可以這樣說：單個原始人很少具備挑選生活的權利。他們的每個行動首先不能有損於部落的利益。至於個人利益，那是不足道的，甚至是不存在的。

　　以太平洋各島嶼的情況為例，不管一個青年人有多少理由，想和一個異性結為夫妻（性關係良好或感情融洽），他會發現，這些理由是不成其為理由的，因為部落的長老們會首先考慮到：利用婚姻維護部落間的友好；給本部落帶來一定的經濟利益；藉由婚姻來提高當事人的地位……如果意中人恰巧符合條件，那就好比抽了上上籤，中了頭彩。大多情況並不如此。部落成員很少有人敢違抗長老的決定，因為他們害怕被逐出部落，失去生活的集體。

　　每個部落都有自己的習俗和規則，其成員不得擅自破壞。如果被發現有破壞行為，這個人將受到全部落的懲罰。這種懲罰是一個群體對一個人做出的。受罰者將被趕出部落，或者在精神上被排擠在外。無論是哪一種，他都會難受無比。前者他可能被打死；後者他形同死屍。所以，成員們嚴格遵守著各項習俗，不敢越雷池一步。

　　跳出部落的範圍，其實，各個部落之間的關係也很不錯。這讓我們看到整個土著民族中互幫互助的友好氛圍。這一點，在白人到來之前就已經充分體現出來了。澳大利亞大陸上極少

發生大規模的打殺，部落間的鬥爭從未發展到殘酷的地步。更多的是部落間的友好往來，參加對方各項節目的活動及一些大型儀式。他們在這些活動中互相學習。一些神話、遊戲和儀式中的某些程序就是因為這樣，在整個澳大利亞傳開的。在澳大利亞成為英國人的殖民地以後，土著們的團結更是發展到前所未有的程度。那些白人瘋狂屠殺之下的倖存者逃到叢林中，出其不意地襲擊白人。不管曾經是哪個部落的，現在都會為了生存而聯合起來。這是一種在垂死掙扎中體現出來的種族情義。

　　歐洲人進入澳洲以後，對土著們彼此間互助的行為十分吃驚，稱其為「強烈的同胞感情」。這種強烈的情感並不是與生俱來的，就像現代都市生活中複雜緊張的人際關係亦非天上掉下來的，它們的產生都離不開時代的背景。現代城市忙忙碌碌，工業文明被硬擠在鱗次櫛比的摩天大樓中間，都市人豈能不感呼吸困難，精神緊張，進而影響人際關係。土著社會中，互相依賴多於彼此競爭（暫時假設他們存在競爭），如果失去依賴，等於失去生命，那麼這種「強烈的同胞感情」就不難理解了。當然，這並不是否定土著們善良純正的天性。可我們知道，善良純正的人日後成為惡徒者比比皆是。這就讓我們不得不重視後天環境影響的重要性了。

　　不管原因為何，澳洲土著部落中的互親互愛之情著實讓現代人羨慕，讓那些文明人在譏笑土著愚笨、簡陋的同時，不免有些心虛。因為，骨子裡頭，他們並不像表面上那樣「紳士」或「淑女」。當然，此話絕非一棍子打死所有文明人，不然，人們如何在文明世界立足呢？

夕陽無限好

中國人常說：「夕陽無限好，只是近黃昏。」聽來多少讓人有憂傷之感。如果說這只是詩人面對落日發出的關於人生飛逝的感嘆，多少有些詩的憂鬱，那麼現代社會中老年人遇到的種種問題則讓人不得不開始擔心，以至於電視台裡一檔有關老年人的節目取名為「夕陽紅」，實在用心良苦。

進入工業社會以後，一種適合於工業經濟的都市生活方式逐漸產生，全新的觀念占據了人們的頭腦，各種不同於以往的生活習慣被接受了；由於觀念及制度的改變，各個年齡集團的地位和作用也發生了改變。老年人自是無法參加繁重的體力勞動，他們昔日的工作經驗似乎也已變得不再重要（這個世界變化太快，昨天的知識在今天也許已經變成無用的東西了）。離開工作崗位之後，大多數老年人回到了家庭中。可家裡的情況又怎樣呢？家庭規模的縮小成了全世界的潮流，老年人的生活習慣、興趣愛好一般與年輕人不同，住在一起，各自都覺得不舒服，而年輕人忙於工作，老年人時感孤獨。漸漸地，就有了一個被叫作「老齡問題」的問題出現了。

老齡問題不僅讓老年人煩心，更讓全世界為之傷腦筋。老年人占全球人口比例的上升意味著勞動人口的比例下降，這直接影響了社會發展速度。嚴重的是，它就像以前人們把肺病稱為「富貴病」一樣，可以被叫作「文明病」。因為事實證明，文明程度越高的國家和地區，老齡問題越厲害。這著實急壞了許多文明人。

澳大利亞土著中的老年人可要幸運得多。他們晚年所享受的權利與他們的社會地位達到了人生最高峰，似乎他們正走到「先苦後甜」人生路的最後一段，也是最幸福的一段。老人們

通常被認為「見多識廣」，有豐富的狩獵經驗，因此儘管年事已高，不能參加狩獵活動，但他們的經驗已足以保證他們的衣食。成年男子帶回的獵物，婦女們採集到的果實，老人們都能得到應有的一份。

庫爾奈人中間有一種叫「涅博拉克」的習俗，這種習俗要求獵人把自己獵物的最佳部分送給岳父和岳母，規定十分嚴格。那部分最好的獵物每次都必須作為「涅博拉克」。如果獵人打到了幾隻天鵝或負鼠，他只能留一隻給自己和家庭，其餘的都得交給岳父；如果打到了鴯鶓，獵人自己留下內臟，把爪子作為「涅博拉克」交給岳父，剩下的給自己的父母。袋熊是土著們最精美的食物，獵人只能吃它的內臟，其它的肉全歸岳父，而岳父會把肉都分給營地裡的人們。獵人只有在沒有其它肉類食物時，才給自己留下少許的肉。這也許會讓好些現代人汗顏。儘管我們從小接受「孔融讓梨」的教育，但虐待父母的事卻時有耳聞，更別說尊重身邊的每個老人了。面對澳大利亞土著，每個現代人都該做深刻的反思。

土著老人並非「無所事事」，他們有一項重要的工作——製作武器。這是一項需要技巧的工作，光有蠻力可不行。澳大利亞土著的武器和工具基本上是用石頭製成的。雖然他們身邊有的是金屬礦，可他們根本不知道金屬是派什麼用的。石頭器具有各種製作方法，主要有磨製、刮磋等，這些方法一般不需要花費很大的氣力，比較適合老年人。他們製作的武器供成年男子們使用。所以，應該說，他們也參與了整個狩獵活動。

西方人考察澳洲土著的生活狀況，對於其間的所謂「政治活動」給予「老人政治」的名稱。此名緣於老人通常是部落或一個群體的首領。如一個部落開會，有權參加的是成年男子和老人，婦女、兒童被排斥在外。其中，雖然成年男子也有權發

表意見和想法，但說了算的是老人。當然，一般是一群老人中最有威信的那一個。這威信或源於遺傳，或來自其本身的魅力（諸如口若懸河、能說會道）。

約翰・弗雷澤是這樣描述新南威爾斯各部落首領的地位和職能的：「公共事務的領導權屬於某些年長的男子，而在他們中間總推舉出那麼一個人，他因自己的特殊才能和受尊敬的地位而起著一種首領或領袖的作用。在議事會議上，他的意見有特別的威信。雖然，從另一方面說，他並不能簡單地貫徹自己的意志。他們調解私人的糾紛、決定懲罰和監督執行；他們主持大的儀式，例如『勃拉』（成丁禮），解決戰爭與和平的問題。」❷

我們必須注意，老人們是通過一個老人集團發表對部落事務之意見的。他們有一個長老議事會，它通常設在離部落營地較遠的樹林裡。會議常常在晚上舉行。這樣做的目的顯然是為了保密，不讓有關部落興衰的消息洩露出去，同時也能使領導權顯得神聖而不可侵犯。單個的老人，即使他具有特殊的威信，也不能一個人說了算，凡事還得先通過長老議事會。「老人政治」無疑是老人們晚年生活最大的樂趣。他們成為部落的主宰，年輕人的婚姻、亂倫行為的處罰、祭神儀式的安排，幾乎所有的事務都為他們所壟斷。

老人首領除了剛才提到的，必須能說會道之外，還有必要具備許多其它的技能。首先，他必須是個巫師，能夠在成丁禮上完成各種法術；其次，他得是個老練的戰士，有輝煌的戰績；最後，他還應該是個語言專家，會說幾種部落的方言——這對於處理部落的事務非常有幫助。

---

❷　A・克納本汗斯：《澳大利亞土人的政治組織》。

有的部落挑選首領時只有一個條件，就是「年齡」。部落裡年紀最大的人自然而然成了首領，哪怕他並不具備其它諸如戰士、演說家、巫師的才能。像這樣產生的首領，一般在本部落之外的影響力比較小。而那些具有傑出才能且品格高尚的首領則不僅在本部落，即使在其它部落，都享有很高的聲譽。

至於部落首領的繼承也是一件有趣的事。首領死後，長老們推選一個新人接替他的位子。一般而言，死者的兒子或兄弟享有優先權。當然，如果可能的繼承人缺乏必要的才能和品質，也許就會失去這個位子；即使得到，部落的人也不會向他表示尊重，那他就會成為傀儡。所以，澳大利亞人通過提高個人素質（戰果驕人、經驗豐富、口才出色、法術超眾）贏得部落成員的尊敬，因為個人的道德威望是真正領導的基礎。

法國人列維—斯特勞斯在《野性的思維》中這樣寫道：「女人和男性老人這兩類人分別作為幸福的手段和主人，組成了澳大利亞社群的兩極，而且青年男子為變成十足的男性，必須暫時放棄前者和永久地服從後者。老年男子享有的性特權，他們對祕傳文化的控制，以及凶殘神祕的入族儀式，都是澳大利亞各社群的一般特徵⋯⋯」❸

中國傳統社會裡，媳婦和婆婆的關係一直是個微妙的問題，「媳婦熬成婆」是做媳婦的既歡喜又傷心的事：歡喜的是終於熬出了頭，總算輪到自己做婆婆，有說話的份了；傷心的是，為了有這說話的權利，付出的可是自己半輩子忍氣吞聲的難受日子。熬的是什麼？——時間。等的是什麼？——年老。

澳洲土著婦女亦如此。婦女沒有一丁點兒參加部落會議的權利，完全被排斥在男人世界之外。她們自己組織集會或敬神

---

❸　《野性的思維》第一〇九頁。

儀式，而老年婦女在這些活動中享有威信。

何以會有這樣的情況發生？只要我們了解一下澳洲土著的生活方式便會得到答案。澳洲土著依靠狩獵和採集生活，這種方式使得他們必須定期遷徙，否則，採集食物將遇到困難。打獵所得的獵物如果食用後仍有剩餘，會被扔掉，因為土著尚未學會如何保存食物。如此這般的生活，累積財富是不可能的了。因此，沒有人可以憑藉財富的炫耀而居於高位。

我們知道，一個社會階層之所以區別於另一個社會階層，必然有其特殊的活動和所有權。比如，現代社會中，經常打高爾夫球的人和經常打保齡球的人便屬於不同的階層。打高爾夫球的花費比打保齡球高得多，有錢人當然也能經常打保齡球，而工薪階層是不可能打高爾夫球的。以是否擁有私家轎車，可以分出兩個社會階層，而車子的品牌則又可以作為一個區分的標準。所以不同的區分標準會產生不同的分類結果。這些區分標準既是社會生活方式產生的，同時又作用於社會生活方式。

澳洲土著沒有私人的財富積累，他們區分社會階層的標準是年齡和性別。我們在這裡暫且不論性別，單看年齡。年齡越大，歷事越多，經驗越豐，成就越大。以此想來，「老人政治」便是再自然不過的事了。

有分層就有流動，流動量可能有大小之不同，往往許多小的流動，我們輕易不會察覺。比如，一個出身貧寒的人經過數十年奮鬥，終於成為富豪，從而躋身於有錢人之列，這就是一個流動過程，雖然在某些社會中，這著實是一件難事。一個人從這個階層到另一個階層，是個非常細小的活動，通常不會引起人們的注意，哪怕它是那個人花了九牛二虎之力才實現的。

與此相比，澳洲土著從兒童到成年直至老年這樣一個自然過程，就更不易為人察覺了。而且，澳洲社會中各個階層的流

動是單方向的，即從幼年到成年，不存在與之相反的過程，不像窮光蛋能成為大富豪，有錢人也可能一夜間一貧如洗，是個雙向的流動過程。這種單向的流動使得流動的終點成為一種無法改變的，具有崇高意義的終點，它意味著生命的最高形式，儘管它的表現形式是白髮、遲鈍、衰老。這種單向的流動緩慢而平和，是滲透在每一分鐘裡的，是滲透在人的肌膚和感覺中的，它不會使部落發生突然又重大的變化，也不會給每個個體帶來巨大的壓力和挑戰。這正適合澳洲土著簡單的生活，他們需要的只是安寧。

個人總是依賴於他人，但這種依賴又帶來了不安，因為這種支持可能會撤消。為了保證一定程度的安全，有個保險的辦法是，贏得他人的愛和尊敬，而不是他們的敵意。另一個生存的訣竅是，通過影響他人的行為來控制外部世界。如果他能在一定程度上控制他人的行為，那他的生活將較少受到外界的影響，他也能在一定程度上操縱社會環境而不為之所左右。澳大利亞土著老人在很大程度上憑藉年齡這個因素，贏得了部落成員的尊敬，他們又通過對部落中的各種事件發表意見來影響部落的發展，基本上控制了身邊的環境，這使他們覺得生活不僅是有保障的，而且是有價值的。

「夕陽無限好，只是近黃昏。」澳洲土著老人的境遇不由得讓那些對世紀末文明抱持悲觀態度的人羨慕。但那就像人一生中的童年階段，一旦過去了，便不再重來，它只適於土著的生活。對於現代人而言，我們應該寄希望於新的社會學、人口學、經濟學等諸學科的研究，為我們的老人創造更為舒適的生活。因為，每個人都會老。我們生存的這個世界之所以美好，正是因為它並不絕對按照年齡來評判一個人對於社會所起的作用，並以此確定個人的地位。現代人有越來越多的機會去爭取

未來，他們分秒必爭地計算著時間，惟恐浪費了點滴青春。他們全身心投入到生活中去，不論是朝陽還是夕陽，他們都想照亮世界。

沒有終結的生命

現代人關於「死亡」的定義出現了分歧。有人以為心臟停止跳動即算死亡；有人卻認為只有「腦死」之後，才能被認定為真正死亡。在這個定義尚未得到定論之際，「安樂死」的可行性又在醫學界、法律界和社會輿論中被討論得熱火朝天。死亡終究是人們必須關心的，哪怕現代人愈來愈關注現世的生活，被物質的氛圍緊緊包裹，哪怕「降生是偶然的，死亡是必然的」，死亡終究是現代人不可跨越的一道屏障。我們確鑿無疑地斷定人終將死去，這引起了生存的恐懼。大多數宗教通過描述不死的靈魂，在來世的經歷，來專門解釋「死亡」這個命題，以此滿足一切生命都有的求生欲望。穆斯林人認為來世可以和翩翩起舞的女子住在一起，蒙德魯庫人相信來世可以隨心所欲地做現世最愛做的事。基督徒也相信天堂是個樂園，儘管他們也相信地獄的存在。

其實，它又何止是現代人的困惑？「生，還是死？」這個問題使人類顯示出理性的光輝，哈姆雷特「To be, or not to be」的疑問讓每個人的心靈受到震顫，「對生的執著和對死的畏懼」使人類的天真美好展露無餘。人類千年來的文明史也正是「生與死糾纏於心」的歷史。

澳洲土著害怕死亡，甚至害怕死屍。可是，在他們看來，死亡只是形式上令人害怕。他們對死亡本質的理解顯然不同於

現代人。土著的生命沒有終結。

「生命沒有終結。」在我們聽來，這是多麼浪漫的話，可對土著來說，並不是這麼回事兒。土著們相信萬物有靈。樹木裡有精靈、動物身體裡有精靈、房子裡有精靈，當然人身上也有精靈。精靈平時就存在於人的身體內，有時也會跑開。比如人生病時，它可能是人形，也可能是獸形。當病體痊癒後，精靈便重新回到體內。澳洲土著相信人的整個生命是一個從死到生，再由生到死的過程，這是一個循環系統。土著居民把這個系統全過程分成以下幾個階段——

一、從死到葬禮；
二、從葬禮到哀悼；
三、等待肉體重新投胎；
四、從誕生到命名；
五、從命名到成丁禮；
六、從成丁禮到死。

這樣的想法在原始民族中並不少見。十七世紀的佩諾布斯科特印第安人也是個類似的例子。他們和澳大利亞土著一樣，過著狩獵和採集的生活。他們認為每個人都由兩部分組成：軀體和「有生命力的自我」。軀體是實實在在的，而「有生命的自我」則是虛無縹緲的。佩諾布斯科特印第安人把後者看成是依賴於軀體的——它能夠從軀體中出來，並能短時間在外遊蕩，進行公開活動，還能和其他「自我」打交道，儼然是軀體的代言人。「有生命的自我」在夢中四出活動，如果它在適當的時候回到軀體，那人就會保持健康；如果這個「自我」回不了軀體，那人就會生病，甚至死亡。

太平洋上的美拉尼西亞人相信靈魂的存在，他們認為靈魂分成三類：活人的靈魂、死人的靈魂和自然物的靈魂。靈魂附著在人體內。當人睡眠或患病時，靈魂會暫時離開身體；當人死後，靈魂就馬上脫身了。一個人是否健康，取決於靈魂是否安定。當人昏迷時，雖然他的生命並沒有結束，但靈魂其實已經不在了，它已經不安心了。

所羅門群島上的土著認為，普通人死亡以後，被拋入大海，他們的靈魂會變成海上精靈，樣子非常可怕——整個身體像是一條大魚，手腳各個部位是各種形狀的小魚，頭部的那條魚張著大嘴，露出一口鋒利的牙齒，尾巴處伸出一根半月形的尖利魚骨。土著們相信這種海上精靈常常向航海的人「射擊」，所以人們把它的形象畫在薄板上供奉起來，以平息它的憤怒。

美洲范庫弗群島（Vancouver's Island）上的土著居民阿特人（Ahts）認為一個人的靈魂可以自由進入其他人或動物的身體，就像一個人可以在自己家裡隨便進出一樣。加拿大土著相信狗的靈魂可以在另一個世界為它們的主人服務。斐濟人相信一個人昏迷或死亡是因為他的靈魂離開了身體，只要將它重新召回身邊，人又可以恢復正常。

愛德華·B·泰勒在著名的《原始文化》一書中，曾對原始人類相信的靈魂或精靈做過精彩的描寫：「總之，符合於低級種族中的靈魂或精靈的概念可以做如下之定義：它是一種稀薄、虛幻的人的形象，具有像氣息、薄膜或影子那樣的性質，個體的生命和思想的本原構成產生它的靈氣（animates），它獨立地占有它從前或現在肉體擁有者的個人意識及意志力。這種靈魂或精靈能夠離開肉體很遠而又緊緊相隨，能夠迅速從一個地方轉移到另一個地方。它是出沒不定，並且是不可見的。

然而，它明顯的是一種物質力量（physical power）。尤其是它作為一種可以和身體相分離又相似的影子出現在醒時或夢境中，並且在身體死亡之後還繼續存在，能進入或通過另一些人、動物或其它事物的體內，控制他們，在他們裡面行動。」❹

休姆（Hume）在《宗教的自然歷史》一書中說：「人類有一個普遍的趨向，就是將所有的生物都認為和他們一樣，而把他們所熟知的性質推想到它們身上。」

照此說來，澳洲土著以為自己體內有精靈存在，便推而廣之，以為身邊的一草一木皆有精靈。那麼，他們又何以認為自己身上存有精靈呢？

結論有很多，其中最為有趣的一種認為，土著通過觀察死亡和睡眠這兩件形式上十分相似的活動，發現其相同處，再以睡眠的特徵推諸死亡。原始人相信夢是現實的經歷而不是無意識的願望表現。在科學不發達的情況下，他們的錯誤的概念可以解釋他們的經驗，這使他們對自己的結論更加相信。

現代原始人的這種想法其實早在古希臘時代就已經很有市場了。西塞羅曾經舉過一個例子，後來又被泰勒引用在《原始文化》一書之中。

故事中說的是兩個古希臘阿卡狄亞人（Arcadians）來到梅加拉（Magara）這個地方，一個住在朋友家中，另一個住在客棧裡。晚上，那個住在朋友家中的人做了一個夢，夢裡他的同伴對他說：『客棧老板想殺死我，你快來救我吧！』他被夢驚醒了。但是他想，夢是不真實的，不必當真。然後又接著睡了。沒想到第二個夢有緊接著來了。夢裡他的同伴對他說：

---

❹　愛德華・B・泰勒：《原始文化》，第一卷第四二九頁。

『雖然你沒有搭救我，可你至少也應該來為我報仇啊！客棧老闆殺死了我，把我藏在一輛糞車裡。』他第二次被驚醒了。天一亮，他就守候在城門邊上，等糞車在城門口經過時就直衝上去，果然發現了同伴的屍體。客棧老闆被押上了法庭，他為朋友報了仇。

人的心理行為微妙而複雜，瞬間的差別可能會更大。弗洛依德從精神分析法入手，討論「精靈」的起源，確也讓人不由得點頭稱是。只是，這種從心裡狀態入手的研究多少有些玄妙。畢竟，原始人的心理已是水中花、鏡中月，我們只能做些猜想罷了。

人死之後，精靈便離開軀體，他也許就在墳墓附近徘徊，也許待在地上，也可能飛到了天上。有的部落，土著們認為精靈會飛去北方，因為那裡有它們的食物。再或者，精靈藏到了石頭裡，等待著重新投胎。在澳洲成為英國的殖民地後，土著們相信死人的靈魂，也就是那些會飛的精靈，會投生為白人，因為他們將白色和死聯繫在一起。

與此相關，土著的葬禮習俗中就有了纏紮屍體這一條。不論是土葬還是懸空葬，他們把屍體纏紮起來，因為他們害怕死人會走出墳墓，打擾活人的正常生活。他們還會在墳墓裡放些食物，不讓死人餓著；在邊上生起起火堆，以防死人著涼。土著對死人的感情是既愛又恨，他們愛的是離開軀體的靈魂，恨的是那具屍體。

幾百年以後的現在，我們在現實生活中同樣能夠發現活人對死人的恭敬、害怕或者留戀。中國傳統文化也是相信靈魂的，雖然很早以前，有些樸素的唯物主義思想家已經明確地指出鬼是不存在的，可普通老百姓寧可信其有，不願信其無。因為墳地裡的「鬼火」、黑夜裡窗紙上的人影和棺材裡突然坐起

的屍體都讓人們不得不相信。人們認為人的生命一旦在現實世界中結束，會在另一個世界重新開始，靈魂離開屍體，也許還會重新投胎。死者的親朋好友在靈堂供上各種食物，燒許多紙錢，讓死者在那個「世界」享用。現代人當然是越來越不相信這些東西了，他們認為這是迷信。可還有些人明明知道，卻仍然繼承著傳統，似乎把它當成是心理上的一點安慰。

在南澳的墨累河地區，人們把因戰爭而犧牲的英雄屍體與他們的武器一起安放在木台上，讓屍體盤腿而坐。人們圍坐在木台邊，木台下點著火，逐漸把屍體烘乾。人們只是靜坐，以此表達自己的思念。屍體將在木台上留放數周之後被掩埋。

英雄的靈魂重新投胎，會有第二個英雄出現嗎？土著沒有留下答案。可他們相信，即使重新投胎以後，他成了一棵樹，他也會是一棵高大而挺拔的樹。

弗雷澤的《金枝》中說，在新南威爾斯的斯蒂芬斯港居住的土著居民常在漲潮時埋葬死者而決不在落潮時埋葬，他們害怕死者的靈魂會被退潮帶到遙遠的王國中去。

由於對死者的依戀，有的部落直到傷病者完全死亡已經很久之後，都捨不得把他拋棄。他們把死者的屍體留在一堆篝火邊，其他人都離開原來的營地。過了很長一段時間後，他們又一起回到這個地方。這樣處理死者的方式非常少見。人們一般用木乃伊化的辦法保存屍體。土著們先搭一個專門的台架，在下面點上篝火，然後把屍體放在烟裡熏。有的部落還流行著把烟熏過的屍體帶在身邊的習俗，半年後，才把它埋到土裡。這點和新幾內亞島上高地人的習俗頗為相像。高地人將屍體塗上紅土，用烟火熏烤以後製成木乃伊，然後找塊地方安置起來。他們認為死者的靈魂仍時時刻刻關注著現世的生活，什麼都不會錯過他的眼睛，所以經常去「墓地」報告村裡發生的事，或

者把新生的嬰兒抱去讓死者看一看。

除了把屍體作成木乃伊，土著們經常把死者埋葬在屋子裡面或邊上，以此希望永遠留住死者，和他繼續以往的生活。

對死者的留戀還表現在把葬禮的時間延續得很長。有的部落把死者的屍體曝露在遙遠的樹壇（tree-platform）上，當屍體的肉完全消失後才舉行正式的葬禮，而在葬禮儀式即將結束之前，將紅色的赭石塗在死者的骨骼上。因為血液被認為是神祕之生命的結合體，而赭石就象徵著血。一年以後舉行死者的第二次葬禮。這時，死者可以參加到由已死的部落成員組成的群體中。我們已經了解，土著們具有強烈的集體意識，離開部落的生活對他們來說是一種懲罰。所以，即使死去，也不能離開部落成員。第二次葬禮就是防止死者迷失了方向。

澳大利亞中部的阿蘭達人在舉行最後的葬禮時，參加葬禮的人都要面向圖騰聖物的所在地。這種習俗含有「重生」的意思。

澳大利亞土著埋葬屍體的方法也各式各樣。有的部落是直接把屍體埋掉了事，有的則在墳墓裡挖一個側凹壇，把屍體放在那裡。為什麼會這種習俗？有可能是為了保護屍體的安全，也可能是一種迷信的思想。

對死亡的恐懼也使有些部落的成員在屍體上大作文章。吉爾伯特河流域的居民把死屍的腿折斷，以使它不能行走。當然，這種情況非常少見。

在澳大利亞土著的葬禮中，土著居民還運用了多種顏色的象徵，以此表達他們對死者的態度和他們與死者生前的關係。在南方的某些部落裡，死者母方的成員用紅赭石把身體塗成紅色並靠近屍體；父親一方的成員則把身體用白泥塗成白色，並與屍體保持一定的距離。在他們眼裡，紅色和白色形成一種對

立的象徵。澳大利亞弗雷斯特河地區，以上這種紅白對立發生了改變：死者同輩人的成員塗成黑白色，離開屍體；非同輩人的成員則不塗身，並靠近屍體。這是一種黑白色和無色之間的對立。巴爾德人的象徵顏色又發生了改變。對於死者的隔輩人（祖父、孫子）來說，黑色是喪祭的顏色；對於鄰輩人（父親、兒子）來說，紅色是喪祭的顏色。土著們用顏色清楚地表明「別人的死」和「我的死」是不同的。

澳大利亞土著居民面對變化多端的大自然和難以解釋的人類自身，一定是費了許多腦筋。相信他們也有詩人屈原的偉大詩篇《天問》中那許許多多的問題，而他們的「萬物有靈」觀念或許能幫助他們解答這些疑問。

「生命沒有終結」，對於土著來說，只是解釋宇宙的一個答案，而對於現代人，它卻是我們夢想的天堂。「克隆」羊（複製羊）的實驗弄得全世界沸沸揚揚，沒幾年時間，美國人又想製造「克隆」人了。現代人對這突如其來的消息似乎有些不知所措，有的欣喜如狂，有的膽戰心驚，還有的則失去了反應。如果「克隆」人的實驗真的成功，那麼生命的意義是否將被重新闡釋，人們將重新學著安排自己這「一生」……

然而，至今，生命仍舊只有一次，現代人能做的只是謹慎地把握這一次。

Chapter 3
男人和女人

分工與協作

　　世界各民族都有自己關於人類起源的傳說，有些我們已經非常熟悉，如中國古老的「盤古開天」故事：「天地混沌如雞子，盤古生其中，萬八千歲。天地開闢，陽清為天，陰濁為地。然古在其中，一日九變，神於天，聖於地。天日高一丈，地日厚一丈，盤古日長一丈。如此萬八千歲，天數極高，地數極深，盤古極長。後乃有三皇。」❶盤古不是人，卻是人的祖先，所謂：「盤古氏，天地萬物之祖也，然則生物始於盤古。」還有的我們可能並不一定熟悉。下面是蘇美爾人用詩體寫成的神話——

　　　洪荒時代的泥土混合成你的心臟，
　　　（Mix the heart oh the clay that is over the abyss,）

---

❶　《太平御覽》七十八卷，引自徐整，《三五歷紀》。

泥土乾了以後你就會有個好看和莊嚴的模樣。

（The good and princely fashioners will thicken
the clay,）

你還會使自己長出手足。

（You, do you bring the limbs into existence;）

尼媽（地母神）將在你上面把你作成，

（Nimmah will work about you,）

在你莊嚴的形象身邊（誕生）神將與你並肩而立。

（The goddesses…… will stand by you at
your fashioning.）❷

　　他們認為，人是從洪荒時代的泥土中創造出來的。

　　印度人把之所以有男人和女人的性別區分歸因於世界的開
端「靈魂」（Atman），說他是一個女人和一個男人緊密擁抱
在一起的結合體，他們就是以後的妻子（patni）和丈夫
（pati）。「靈魂」說的第一句話是：「我是。」基督教認為
上帝造人。他先造了亞當；從亞當身上抽下一根肋骨，才有了
夏娃。所以男人比女人少了一根肋骨。

　　在澳洲土著的神話傳說中，造人的是主神拜阿米
（Baiame）。他用紅土捏成人的形狀，先捏了兩個男人，剩下
的土只夠捏一個女人。所以他共創造了三個人。後來其中一個
男人因為拒絕吃動物的肉而餓死，與一個黑精靈和一棵白膠樹
一起飛上了天。男人和黑精靈的眼睛化為天上的星星，白膠樹

❷　朱狄《原始文化研究》第七二三頁，轉引自塞繆爾・諾亞・克雷默《蘇
　　美爾人和阿卡德人的神話》（Mythology of Sumer and Akkad），載
　　塞繆爾・諾亞・克雷默編：《古代世界的神話》，第一○三頁。

則變成南十字星座的群星。直到現在，人們還把澳大利亞稱為「南十字星空下的國度」，正是源於這個古老的傳說。那剩下的一男一女就真的成了人類的祖先。

中國古代哲學中關於陰陽必須均衡的思想影響至今，即所謂「陰陽相生相勝」。男子須有陽剛之氣，女子不乏陰柔之美，這世界才顯得平衡。舊有「男主外，女主內」，「夫為妻綱」，現代社會「男女平等」，不論其思想實質是什麼，都是對男女關係的一種規範，它必須適應於當時社會的生產發展水平和倫理道德的實際要求。因此，怎樣的社會就會有怎樣的男女關係。

澳洲土著的社會是原始的狩獵──採集型的。目前，全世界大約有二十五萬人主要通過狩獵、打漁和採集野果與蔬菜維持他們的生存。二十五萬不是個小數目，可它在全球五十多億人口中只占很小的一個比例，而且大部分狩獵採集者都生活在世界的邊緣地帶：寒冷的北極冰原、酷熱的大沙漠和茂密不見陽光的森林。這些地方無法發展農業生產，倒是符合了狩獵和採集生活所需要的條件。這種生活方式已經成為現代人眼中的原始文明。可是，一萬多年前，在人們還沒有掌握馴化動植物的情況下，人類都必須通過植物採集、狩獵或打漁的某種結合來維持自身的生存。在生存的所有人中，90％是狩獵者和採集者。人類社會與文化的許多重要特點都歸功於這種生活方式。

澳大利亞土著居民基本上不懂得馴養動物，除了一種狼犬之外，連最基本的家畜家禽，如豬、雞、鴨等都沒有。他們也不種植什麼東西，所以食物來源全靠打獵和採集植物的果實。在澳洲土著社會中分工十分明確，男子負責打獵，女子負責採集食物。這也幾乎是所有狩獵─採集型社會共有的特點。其原因很明顯：

第一，因為男女生理結構的不同所造成。總體來說，女子跑步的速度比男子慢。當然，男子群體中也會有少部分人跑步速度比某些女子慢。女子承擔了繁衍人類後代的任務，這在一定程度上影響了她們隨時隨刻都能參加狩獵活動以及做較遠距離的遷移。

　　第二，因為男少女多的人數比例也能保證人類的進一步繁衍，所以，面對狩獵活動中較大的危險性，犧牲男性更符合部落的要求。

　　澳大利亞大陸上的動物種類很少，數量也不多。所以，只要能捕捉到的，土著居民無一遺漏。從大袋鼠到有「澳洲鴕鳥」美稱的鴯鶓，從生活在土穴中的擬袋熊到無毒大蛇「沃馬」（土著們這樣稱呼它），甚至鳥卵、野蜂蜜和各種老鼠也是他們的捕捉對象。

　　產生性別分工以後，勞動效率大大提高。男子外出打獵，一般是一群男人合作。如果這一天打到一隻大袋鼠，那可是豐收的日子。不過，通常運氣沒有那麼好，所以主要食物還是婦女採集來的。

　　蘇聯考察家 A・H・馬克西莫夫說：「果實、草莓、硬殼果、穀粒和各種草籽、細根、塊根、塊莖、嫩枝、葉、幼芽、種實、花、軟質的樹心，一句話，任何植物的任何部分，沒有不當作食物的。」❸

　　的確，澳大利亞人不放過任何可以吃的東西。如果土著碰巧生活在長有布尼亞樹（Araucaria Bidwil）的地方，那他可是真有福氣了，因為這種樹結出的果實含有豐富的澱粉，而且它

---

❸　《澳大利亞和大洋洲各族人民》，轉引 A・H・馬克西莫夫：《農業的前夕》，第 24 頁。

的個子也不小，一般長有 15～20 公分，大的可以達到 40 公分，重量有 1 公斤，裡面還有許多核仁，人們可以一次吃個飽。

昆士蘭東部的一些地方就能常常看到這種樹。到了它成熟的季節，周圍的部落居民都儘量吃個夠，並多多地貯存起來。甚至連遠處的部落居民也會趕過來分享布尼亞果。各部落的盛大集會和各種儀式都安排在布尼亞果成熟的時候。

採集工作不像我們想的那麼輕鬆，它也需要在一定的範圍內遷移。而且，婦女必須學會做出判斷：哪裡的果子熟了？哪裡的果子最多？如果缺乏這樣的知識，他們一天的工作就可能收益甚微。在現代人眼中，土著婦女的採集工作似乎是很無聊的。她們的工具十分簡單，是一根用結實的樹枝做成的長棍子，棍子的頭部被削尖了。婦女們用它挖掘植物的根、塊莖和塊根，還能用它掘開鼠洞、蛇洞和螞蟻窩。在採集種子、草莓和硬殼果時，她們不用任何工具，只是用一個小木槽裝採到的東西。採集食物的同時，女人們順帶著照看孩子，互相間聊聊天，倒也不甚寂寞。

許多現代的狩獵—採集民族實際上 60～70％的事物來自婦女採集的植物性食物。而且，與非人類靈長目動物採集的東西只滿足他們個體一時之需不同的是，人類女性要採集到比她當時的需求更多的食物。所以，她必須預先計劃食物的運輸、保藏和儲存。婦女們在採集上花費了許多時間，可男子並不把大部分時間花在打獵上，因為那樣做將不利於生產，他們不能在狩獵上消耗過多的能量。一小部分高蛋白肉類食物加上一大部分植物類食物就可以提供人們足夠的營養需要了。

這種性別分工是非常自然的，是人類社會組織的第一個根本因素，是隨著狩獵而發展起來的，不存在強迫和壓制。所

以，如果有誰以為男子負責尋找肉類食物，因而地位高於女子，那麼他就大錯特錯了，因為女子採集的食物幾乎成了土著的主食。可也並不能因此就認為女子的地位高出男子。所謂「男女平等」的問題實在是個複雜的問題，單憑一、兩條信息就做出判斷，很可能會與事實真相失之千里的。

有了分工，也有協作。剛才提到的男人和女人的分工實際上也是他們的經濟合作。前文提到一個部落對外作戰時，男子為主要的作戰力量，女子就作為輔助力量。另外，在土著們集體圍獵袋鼠的時候，也充分體現出男女合作的精神。參加圍獵的土著分成兩組：一組是獵人，也就是男人們；另一組是協助者，即女人們。當土著們發現袋鼠，女人就大聲吆喝起來，把袋鼠趕到獵人埋伏的地方，而且通常是把袋鼠趕到最有經驗的獵人那邊。這時獵人們突然從隱蔽的地方跳了出來，用長矛朝正向他們跑來的袋鼠擊去。男女雙方共享他們的食物，共享勞動的成果。所以，男人和女人不僅在生理上互相依存，在現實生活中也無法分離。

進入現代社會之後，社會分工日漸細化，就一些大型項目而言，仍需要各方力量的合作。比如一架航天飛機（太空梭）升空，需要的不僅是宇航（太空）專家的工作，機械工程師、電腦專家、天文學家、數學家等也都是不可缺少的。反觀個人生活內容中的每個細節，都已有社會分工後產生的各個部門為我們提供服務，對個人而言是個極大的方便，只要個人具有足夠的實力，他就可以專心全力投入工作和享受生活，不必為瑣事操心。

現代的生活方式使得體能差異顯得不像從前那麼重要，儘管性別分工在某些方面發展成性別歧視，但這已經和男女的體能差異無關了，多的是傳統和觀念上的原因。這比澳洲當初產

生性別分工的原因複雜得多，它已經超出了自然和人類繁衍的範圍之外，涉及到倫理道德、價值觀，乃至世界觀的問題。

在現代複雜的社會中，性別分工浪費了社會所需要的才能，而且大大限制了婦女發揮才能的機會。性別分工越來越少，男女在工作中互相協作，互相補充。然而，推崇個人競爭的價值觀又使得這種協作關係面臨喪失的危險。

有一部電影叫《飲食男女》。不講內容，單說片名，就包括了人類社會的兩大基本問題，它們正如蜘蛛網般，將男男女女困在中央。土著們不知是否也會有此類困惑？我們只知道他們用自己的方式簡單地完成了社會的分工與協作，這種來自自然的分工使男女關係顯得和諧、流暢。

通向婚姻殿堂的艱難道路

很多人有這樣一種觀念：原始人的性關係是不受約束的。他們沒有相應的道德觀念影響自身的行動，所以，性道德在原始人中間是不存在的。這種理解可能並不完全正確。的確，在有的民族中間，性的交往十分自由。例如，太平洋島上的絕大部分地區。在那些島嶼上，姑娘可以隨心所欲地和自己「心愛」的男子幽會，兩人之間也許根本沒有我們認為非常重要的感情，可是，只要姑娘願意，性愛絕對是排在情愛之前的。

馬維·哈里斯在《人·文化·環境》中這樣描寫波利尼西亞的曼加阿（Managaian）人：「兩性之間的性交在成年之前就已經出現。成年男女都有婚前性生活的經歷。女孩在父母親的屋內幾乎每夜換一位求愛者；男孩子則與對手們競爭，看誰達到高潮的次數多。曼加阿姑娘對浪漫的海誓山盟從不感興

趣，只是廣交男友，性交頻多。性不是堅毅之愛情的回報，相反，愛卻是性滿足的回報。」

可是，在絕大多數民族文化中，性淫亂都是罪惡之源。中國傳統文化中，儘管有相當數量的淫穢色情文學，但一般老百姓都以言性為恥，淫穢色情文學只是在小範圍內被一些有閑階層所「享受」，姑娘們婚前的貞潔非常重要，婚前、婚後男女平等的性交往是受到嚴格禁止的。雖然有所謂「食、色，性也。」的說法，可貞潔對於一椿婚姻而言，其地位是其它東西無法比擬的。

東方文明一般具有比較相近的特點。和中華文明一樣，大和民族也嚴格禁止婚前性行為和婚外性行為。印度的情況更甚於此，他們的禁欲主義全世界聞名。

東方人一直認為西方文明比東方文明更具浪漫色彩，西方人的性觀念也比東方人更開放。可是，只要我們考察一下歐洲的宗教史，就會發現宗教一直對他們的性觀念加以約束，以非常嚴肅的態度對待情愛和性愛的關係，始終把情愛放在高於性愛的位置。

澳大利亞土著在對待性的問題上，一直保持著謹慎的態度，這從他們限制重重的婚姻制上就能看出來。

通常所有的澳大利亞部落都劃分為兩個半邊，這兩個半邊之間彼此可以互相通婚，每一個半邊內部則禁止通婚。人們把這樣的半邊稱作胞族（也有稱作婚姻組的）。胞族內部禁止通婚的制度叫「外婚制」。按照外婚制的規定，如果一個部落分成 A 和 B 兩個胞族，A 胞族的男子只能娶 B 胞族的女子，A 胞族的女子只能嫁給 B 胞族的男子。

每個人都屬於一個胞族。在從埃爾湖地區到東部和南部沿海的澳大利亞南部、東南部和東部的大多數部落裡，孩子跟著

母親，屬於母親的胞族；而在從埃爾湖到北部和西部的整個大陸西北部，以及在極南部和東南部的個別部落中，孩子則跟著父親，屬於父親的胞族。

為什麼要在部落裡劃分胞族呢？人類學家基本上同意它是為了調節婚禮。摩爾根認為，建立胞族制度和外婚制是為了防止近親通婚。在這種制度下，由於兄弟和姐妹是屬於同一個胞族的，他們沒有通婚的可能。在按母系計算時，母子之間沒有這種可能，在按父系計算時，則父女之間沒有這種可能。另一些學者認為，這種制度調節婚姻關係的目的是為了調整部落內部的關係，減少部落內部的紛爭。

那麼，劃分胞族的依據又是什麼？現在我們已經很難找到確切的答案了，只能在澳大利亞人模糊的回憶和一些古老的傳說中大致做些猜測。原始人也許是根據自己的特徵做出區分的。最明顯的特徵首推人的體質。他們根據人的頭髮是軟還是硬，或者鮮血是濃還是淡，把部落分為兩個胞族。原始人有一種先天排斥與自己的體質特徵不同者的特點，這使得他們對另一個胞族的成員存在感情上的對立。雖然他們屬於同一個部落，可他們操著不同的語言。所以有些夫妻結婚後，妻子和丈夫的語言不同，彼此無法交流；即使以後妻子學會了丈夫的語言，她也無權說話，夫婦因此終身沒有語言交流。

胞族是有名字的。可也許由於胞族太過古老，許多澳大利亞人已經不明白這些名字的意思，甚至連他們自己所屬之胞族的名字是什麼意思也不太清楚。他們只知道有的名字是動物的，而且大部分屬於鳥類。比如維多利亞西部的胞族名字庫米特和克羅基表示「黑鸚鵡和白鸚鵡」。至於為什麼用鳥的名字命名，則只能靠我們猜一猜了。

胞族之間禁止通婚，不單指婚姻本身，還包括禁止婚外的

性關係。違反規定者，將受到嚴厲的處罰。有一點必須明確：澳大利亞人處罰的不是婚外性關係。他們並不以此為恥，他們處罰的是違反制度的行為。

　　胞族除了影響澳大利亞人的婚姻情況外，還影響到他們生活的其它方面。在阿蘭達部落中，當人們來到一個新的居住地，準備搭建新的房屋時，他們是按照胞族劃分的。如果正巧有一條小河，那麼，兩個胞族一定隔河而居，充分利用天然的界限。如果居住地附近有山岡，那麼一個胞族把帳篷搭在山坡上，另一個則會搭在山下的平地上。還有的部落，人們舉行各種部落儀式時，不同的胞族不會參加同一個儀式。甚至連玩遊戲時，這種界限也是很分明的。

　　胞族只是在一定程度上防止了近親結婚的可能，卻不能完全禁止。因為在母系的情況下，父親和自己的親生女兒處於不同的胞族，有通婚的可能；而在父系的情況下，母親和自己的親生兒子也有可能通婚。面對這種情況，澳大利亞人採取了一種四個婚姻級的制度，它要比兩個胞族的制度複雜得多。

　　人們把一個胞族分為兩個婚姻級。比如把 A 胞族分成 a、b 兩個婚姻級，把 B 胞族分為 c、d 兩個婚姻級，那麼它們的通婚情況是這樣的：只有 a 和 c 之間、b 和 d 之間可以通婚。並且，如果 a 的男子娶了 c 的女子，他們的孩子將是 d 的；而 c 的男子娶了 a 的女子，孩子將是 b 的。同樣，如果 b 的男子娶了 d 的女子，孩子屬於 c；而 d 的男子娶了 b 的女子，孩子將是 a 的。

　　舉一個具體的例子。這個例子曾被摩爾根和恩格斯引用過，可以清楚地解釋婚姻級的制度。在新南威爾斯東北部的卡米拉羅依部落裡，有庫帕廷和狄爾比兩個胞族，它們分成四個婚姻級——

庫帕廷：依擺　　　狄爾比：穆利
　　　孔博　　　　　　　庫濟

通婚的秩序是這樣的——
依擺的男子娶庫比的女子，所生的孩子屬於穆利；
孔博的男子娶穆利的女子，所生的孩子屬於庫比；
穆利的男子娶孔博的女子，所生的孩子屬於依擺；
庫比的男子娶依擺的女子，所生的孩子屬於孔博。

人類學家畫出這樣一個圖表，以便更清楚地做出解釋——

依擺　→　庫比

↓

孔博　→　穆利

↓

依擺　　　庫比

圖表中，垂直箭頭表示婚姻，水平箭頭表示後代。
四個婚姻級的制度基本上防止了近親通婚的情況發生。有些部落制定了更為複雜的八個婚姻級制度，其中的規定更加繁瑣，但其實質是和四個婚姻級制度一樣的。
和胞族一樣，婚姻級也有名字，只是這些名字一般都不知所云，人們只知道它們也是動物的名字。由於各個地區的婚姻級之名字有很多是相同的，人們猜測，這是部落流動造成的。部落流動造成各部落之間可以互通有無，婚姻級的名字也就這

樣傳開去了。

有一點必須指出：在可以互相通婚的 a 和 c 胞族、b 和 d 胞族中，a 的全體男子可以和 c 的全體女子結婚，b 的全體男子可以和 d 的全體女子結婚，反之亦然。這實際上是群婚制的表現。也就是說，婚姻級制度允許可以通婚的男子群體與女子群體發生婚姻和性關係。然而，實際上，澳大利亞人的婚姻關係和性關係還是相對固定的。我們將在後面做詳細的介紹。

為群婚制設下重重障礙，這是澳大利亞土著的良苦用心，而它們確實在現實生活中起到了一定的效果，使部落得以延續和發展。

「正妻」和「皮勞魯」

婚姻與其它性關係不同。在原始社會，它是高於其它性關係而存在的；在現代社會則成為一種法律制度；在某些社會，它還是一種宗教制度。婚姻對於人類社會的重要性也許相當於空氣對於我們生存的重要性。

隨著人類社會的延續和發展，婚姻的形式發生了許多變化，像單偶婚、和多偶婚、群婚、續嫁夫兄弟婚、續娶妻姐妹婚和奇怪的續繼婚。這些婚姻形式在某些地區乃至全世界存在，它們產生的原因也多種多樣，但不管是哪種原因，形式本身都影響了婚姻的質量和內容，所以婚姻形式是很值得重視和研究的。

我們已經在前面介紹了澳大利亞土著居民限制重重的婚姻制，其中提到「婚姻級」這個概念。土著們規定，在確定的婚姻級成員間可以有婚姻性關係，這實際上允許了土著男子可以

有一個以上的妻子。這就是「群婚」，即一群男子和一群女子互相有性接近權的婚姻形式。對於澳大利亞土著，這種婚姻形式只是理論上存在實行的可能性，大部分土著居民通常只在與他可以進行婚配的婚姻級中娶到一到兩個妻子，和婚姻級中的其他女子很少發生性關係。

部落有專門的時間和場合提供給非婚姻關係的性關係，一般是在全部落的盛大集會和節日裡，如阿蘭達部落中的成丁禮。當成丁禮進行到第三個階段時，伴隨著男孩生殖器手術進行的是禮節性的交換妻子。這種交換似乎也不是隨心所欲的，仍然必須遵守婚姻級的限制，屬於不能通婚的婚姻級中的男女在這樣開放的場合仍不能發生性關係。

在澳大利亞的大部分地區，群婚只是理論上存在可能性，在有些地方則是真實存在的。在阿拉巴納部落，每個年成男子有了正式的妻子以後，都享有正式婚姻以外的婚姻權。他可能只有一個妻子，也可能有兩個或三個。但他並不就此「滿足」，他和其他女子之間也可能發生親密關係，他和她互相稱呼對方「皮勞加魯」。「皮勞加魯」的關係不是固定不變的，一個男子的「皮勞加魯 Piraungaru」很可能成為其他男子的「皮勞加魯」。他們住在一起，孩子是屬於他們每個人的。當然，部落男子對於正式的妻子享有優先權，他們的婚姻關係高於和「皮勞加魯 Pirrauru」的關係。

狄耶里部落也有類似的婚姻習俗。他們稱婚姻關係以外的「妻子」為「皮勞魯」。土著男子的「皮勞魯」是部落長老或首領在特別隆重和公開的儀式中指派的。通常土著因為兄弟之間互相換妻而擁有「皮勞魯」。和前面一樣，正式的妻子相對於「皮勞魯」，擁有更多的權利。比如大家睡在一個地方，正式的妻子和丈夫睡得更近一些。

男子們擁有「皮勞魯」的數量各不相同，這和正式婚姻中的情況是相同的。年紀大的或是社會地位高的男子可以擁有更多的「皮勞魯」。這符合原始社會的一般特點，即年齡是判斷價值的最重要標準，它影響到土著們生活的各方面。青年男子即使性慾旺盛，也得不到他們所希望的性滿足。

　　一個名叫格塞爾的比利時主教曾經寫過一部自傳《娶了一百個妻子的主教》，說的是這位主教一心想要消滅梅爾維爾島上的一夫多妻現象。他挑選了一百個年輕姑娘，把她們全娶來做自己的老婆。他想，這樣一來，她們就不能再和當地人結婚了，那些已經有了妻子的土著就娶不到第二、第三個老婆了。可是，顯然他的打算並沒有見效，他只是做了個既滑稽又可愛的實驗而已。

　　這些婚姻習俗都是群婚制的遺留，在澳大利亞土著中屬於很少的情況，大多數情況下，土著們實行的是「對偶婚」。

　　對偶婚的產生及長久存在是依任何大量人口中男性和女性出生比例相等這一生物學現象而決定的。它主要包括三種具體的形式：一夫一妻制（一個男人和一個女人的婚配）、一夫多妻制（一個男人和多個女人的婚配）和一妻多夫制（一個女人和多個男人的婚配）。後兩種婚姻形式又被叫作「多配偶制」。許多人類社會都以各種方式允許多配偶制的存在，如大多數傳統的非洲社會允許一夫多妻，穆斯林的法律也不反對它。澳大利亞土著在十九世紀和二十世紀初，採用的就是多配偶制。

　　澳大利亞土著的家庭是由丈夫、妻子（常常是兩個）和子女組成的，他們有自己的房子，總是固定住在一起。土著們採用的是「從夫居」，即妻子到丈夫的住處生活。從夫居廣泛地存在於世界上的各個社會中，人們有確定的領土，並實行外

婚，從其他胞族中娶妻。男人聯合的貢獻對部落來說非常重要，以至於將這樣的一群男人聚在一起，能發揮最佳的經濟效益。「從妻居」的形式將把他們分開，這可是十分令人遺憾的。妻子必須負擔起生活中的大部分日常事務，她是工作中缺少不了的一部分。部落裡有威望、有地位的男子可以獲得比別人多的妻子，而且她們更美麗。由於年齡的優勢，土著夫妻之間的年齡差距往往很大。

幾個妻子生活在一起，總是會鬧出許多矛盾，她們都希望能更經常地占有丈夫。這表現了人類具有嫉妒的天性。澳大利亞土著也不例外，所謂的「正妻」，總是擁有更多的權利，雖然她也許不再擁有美貌，工作起來也不如以前那麼靈活。嫉妒既然是人類的天性，妻子們鬧矛盾的事也一定存在於其他民族當中。事實正是這樣。西非的穆斯林這樣解決妻子之間的公平問題：在家戶院落中，每個妻子都有自己的房間或小屋，它們是互相隔開的，丈夫必須輪流到每個妻子的住所中吃住，不管他對其中的一個怎樣情有獨鍾。在尼日利亞的豪薩族人中，同一個丈夫的幾個妻子互相稱對方為「對頭」，她們之間常常爭吵不斷。

一夫多妻制讓人們覺得婦女的地位一定有所下降。關於這一點，我們會在後面做專門的討論，在這裡可以引用一個羅伯特・A・墨菲舉過的例子：「在一九六八年，已婚的法國婦女只能掌管自己的收入，但大部分西非沿海地區的婦女也不乏此權。在這個地區，婦女是個小商人，她們賣食物、雪茄、太陽眼鏡，或頭頂托槃沿街叫賣，或在當地市場擺攤售貨。某些成功者成了村社間貿易的小型批發商，極少數人致富並成為名流。她們經常組成由市場婦女管理的緊密控制的行業會，並形成了政治力量。一名婦女掙得的錢絕對歸己所有。如果願意，

她可以在經濟上幫助丈夫，或者以適當的利率借貸給丈夫，但丈夫對她的收入無權染指。結果，不管有無別的共夫諸妻，妻子總是家中獨立和值得自豪的人物。一夫多妻社會中，婦女的聲望和價值或高或低，每一種情形大多取決於經濟因素而不是婚姻境況本身。」❹

澳大利亞土著基本上是夫方居住婚。在這之前，也曾有過妻方居住婚。然而，這已是母系社會的事了。現代人一般很難理解從妻居這種婚姻形式，許多男子更是大力反對，但它作為一種婚姻形式，的確存在過。波利尼西亞的馬克薩斯群島（Marquesas）、西藏和印度的某些山區部落就是從妻居制最典型的例子。

澳大利亞土著居民中間還廣泛流行著「夫兄弟婚」的習俗，即孀婦必須嫁給亡夫的兄弟。在大多數部落裡，任何一個兄弟都有權娶她：而在阿蘭達部落，只有弟弟才能娶寡嫂。這種習俗經過變化，在澳大利亞西南部的部落，只要是死者的近親，就有權娶他的未亡人。「夫兄弟婚制」（levirate）這個名字源於《聖經·利未記》中提到的古代希伯來人的夫兄弟婚制（《利未記》，英文名稱為「Leviticus」，與夫兄弟婚制levirate 字頭相同）。它規定：當一個男子死後留下無嗣的寡妻時，弟弟有責任和寡嫂結婚，以承家嗣。澳大利亞土著則不管亡夫的妻子是否有子女，都與其兄弟結婚。這也是大多數民族的情況。希伯來人的這種婚姻現象又被叫作「叔嫂婚制」。

澳洲土著的結婚儀式是很簡單的，並不像他們的婚姻規則那樣複雜而嚴格，通常只是新娘的親人把她帶到新郎的住宿

---

❹ 羅伯特·F·墨菲《文化與社會人類學引論》第 91、92 頁，商務印書館一九九一年一月第一版。

處，然後把她留在那裡就完事了，最多再加些歌舞或是舉辦小型宴會。這一點令我們非常奇怪：為什麼土著的成丁禮漫長而隆重，部落的節日宴會也熱鬧非凡，結婚儀式卻如此草草收場？讓我們來做個猜測吧！

對於澳大利亞土著來說，婚姻是在他（她）小時候就已經決定了的，甚至是他（她）尚未出生的時候。這樣，婚姻的標誌顯然不可能是結婚儀式，而是訂婚儀式。又因為土著們的婚姻是整個部落的大事，婚姻的最後決定權掌握在部落長老或父母和年長的親人手裡，訂婚這一過程成為一件婚姻中最富有「智慧」、最重要的環節，只要這一關過了，後面的事都不成問題，因此就出現了訂婚儀式比結婚儀式更為隆重的情況。

有些部落，男方在結婚儀式前要向女方送上一定數量的「彩禮」，或叫「聘金」。這種「彩禮」實際上是一種交換的表示，這種交換把男方家庭和女方家庭聯繫在一起。在澳大利亞土著簡單的社會中，這也許意味著財富流動。如果夫妻二人在孩子出生之前就離了婚，丈夫的親屬有權利追回聘金。這表示原先的交換到此結束。許多原始民族的社會中，都存在著結婚時交換大筆財產的風俗，而且伴隨著這種情況，是老年人對青年人的婚姻具有絕對的支配權。比如在非洲的大部分地區，男方的親屬要向女方的家庭支付一筆聘金，這是對新娘家人撫育她成長而付出花費的酬償，更表示丈夫群體對妻子所生子女的權利，新娘和她的親屬把這筆聘金看成是非常榮耀的東西。

在澳大利亞東南部的部落中，男方並不向女方遞交聘金，而是將新郎的姐妹或一個比他小的女性親屬帶到女方，讓她成為對方某個男性親屬的妻子。這只是改變了交換的內容，交換的實質並沒有改變。我們在第二章提到老年人所享受的種種權利，尤其講到一種叫「涅博拉克」的習俗。其實，它的本質也

是交換：一個土著男子從女方家庭中娶得一個妻子，他就必須對妻子的親屬履行物質上的義務。

這種婚姻關係中的交換符合原始社會的實際經濟情況。雖然我們不能把經濟因素看成是決定事物變化的唯一因素，但它的確是婚姻關係中的決定性因素，它對一樁婚姻的影響會反映在婚姻的各個階段，而且表現形式各不相同。如果全然不顧它的影響而亂來，是行不通的。這也就是為什麼許多現代人本來堅信「感情至上」，並將其付諸實行，其後又會生出後悔之心的道理。

羅素先生的婚姻觀十分有趣。他認為，越是有文化的人，就越不能與他們的伴侶共享白頭偕老的幸福。他在《婚姻革命》一書中舉了一個愛爾蘭農民的例子：「愛爾蘭農民的婚姻雖然至今仍舊由父母包辦，但據那些了解他們的人說，他們總的說來是幸福的，而且他們的夫妻生活是純潔的。」❺並且，他覺得，一個社會中，如果一個男人和其他男人，一個女人和其他女人之間沒有什麼區別，那就不存在婚後後悔的事，因為嫁這個人和嫁那個人是差不多的，娶這個人和娶那個人也是差不多的。這似乎正符合澳大利亞土著社會中的基本情況：狩獵——採集的生活方式，財富均等的實際狀況，單調重複的平常日子，個體的獨特性格淹沒在群體中，群體的需要就是個體的需要。所以，滿足了群體需要的婚姻，十有八九是幸福的。

---

❺　《婚姻革命》第 91 頁。

感情不是第一位的

　　莎士比亞著名的悲劇《羅密歐與朱麗葉》歌頌了一對青年男女純潔而可悲的愛情故事；中國明朝湯顯祖在《牡丹亭》中提出一願天下有情人終成眷屬」。中西兩位文學大師都高揚了「情」的旗幟，深深地讚美人世間一種不為世俗污染，堅貞不渝的男女之愛。

　　精神心理分析大師弗洛伊德把戀愛和宗教並列為追求幸福的兩種方法，其中戀愛是一種較為合理的方法。因為，「一個人在接受宗教信仰前，無可避免地都要先經過一種知性的萎縮（atrophy）。」而戀愛能「給人在心理上帶來積極作用」，也能「打破人與人之間的孤獨和疏離感」。

　　羅素則說：「我認為，浪漫的愛是生活所賦予的最大快樂的源泉。如果男女之間的愛有熱情、幻想和柔情，那麼在這種關係中就存在著某些不可估量的價值……在近代，確切地說，就是自法國革命以來，出現了一種思想，即婚姻應當產生於浪漫的愛。大多數現代人，至少在講英語的那些國家，都認為這是理所當然的事……」[6]純潔美好的男女感情的確令人嚮往，可一旦將它與現實的婚姻相連，情況就變得複雜起來。

　　威廉·A·哈維蘭在《當代人類學》一書中寫到：「在家庭成為對個人施加社會控制的最強有力之機構的社會中，婚姻總是按有利於該家庭單位的經濟和政治利益而安排的。例如，在封建的歐洲、傳統中國和印度，以及直到最近的日本，都有這種情況。兩個人結婚，只不過是兩個家族通過婚姻契約，結成聯盟這一重要大事的附帶成品，而這兩個人一生都要在一起

---

[6]　伯特蘭·羅素《婚姻革命》，第 52 頁，東方出版社。

生活，在一起養育兒女。婚姻是家庭之間權利的轉讓，這些權利轉讓包括財產權、兒女所有權及性權利。」❼

這段話多少讓我們覺得感情在婚姻中是一件奢侈品，它是權利交換的副產品。空談感情，不顧其它一切，是愚蠢而盲目的。在許多社會中，人們把婚姻和家庭的建立看得過於重要，容不得年輕人有絲毫幻想。

現代社會，所謂「道德的婚姻」被人們廣泛地討論。什麼樣的婚姻是不道德的？首先的回答便是沒有感情存在於其間的婚姻。這似乎已越來越為現代人所不能容忍。然而，判斷婚姻的道德與否實在不是一件如做「1＋1＝2」的算術題那般簡單的事，既有「當局者迷，旁觀者清」，又有「清官難斷家務事」的說法。情感至上泛濫，會使家庭這個社會最基本的單位失去固有的穩定，而一味顧及訓練和義務，又可能違背人類求愛的本性。即使在感情的地位越來越高的情況下，仍有這樣的事發生：有錢人和權勢之家把孩子送到私人學校，希望他們在那裡找到和自己相適應的婚姻伴侶。所以，婚姻的本質往往是經濟的，它為政治、發財和擴大家族的影響力而服務。

呂思勉先生有句話說得好：「現代的家庭，與其說是源於人的本性，倒不如說是原於生活情形。道德不道德的觀念根於習慣，習慣源於生活。」❽

然而，在遙遠的年代，人們並不把浪漫和愛情當作是婚姻的先決條件，夫妻雙方也缺乏現代人那種強烈的情感。澳洲土著的婚姻狀況除了上文介紹的以外，有一個重要的特點，即感情不是第一位的。這並非說土著婚姻中沒有感情，而是婚姻的

---

❼　《當代人類學》，王銘銘等譯，上海人民出版社一九八七年第一版。
❽　《呂氏中國通史》，華東師範大學出版社，第 9 頁。

若干要素如果排個先後順序，占第一位的絕不是感情。

　　現代文明中，婚姻成為越來越私人化的事，是否結婚，和誰結婚，都由自己決定。即使是女孩，在我們的社會中也擁有決定自身命運的權利，包辦婚姻被認為是野蠻和陳舊的東西（雖然現在隨著離婚率的上升，有人大發議論，認為包辦婚姻比自由戀愛更好，但其實我們真地很難將兩者做比較，它們各有其存在的特殊時代和場合）。

　　澳洲土著中男女青年的婚姻是早在他們幼年時就定下的。當然，作主的可不是他們，而是部落中的長老或成年男子。這很像中國傳統社會中的「娃娃親」，「娃娃親」的指定者通常也是老者或享有尊榮的一些人。幼年的孩子自是無法為自己找個適合結婚的對象，談論感情問題更是多餘。所以，老人們的一句話就決定了他（她）的婚姻伙伴。阿拉佩什人也是如此，做父親的要為兒子選媳婦，而且這個媳婦一定是別的氏族。

　　當然，老人們在做選擇或安排時是不可以犯錯誤的。所謂「犯錯誤」，是指違反男女雙方的婚姻級而促成一樁婚姻。我們已從前面的介紹中了解到婚姻級對男女婚姻的限制。在澳洲土著的觀念中，違反這些限制，就等於犯了死罪，是絕不允許的（也有例外，請看下文）。所以，必須按照父母所屬的婚姻級來定婚。這也確是人類自我保護的一種手段。這種婚姻中的自我保護現象，在中國傳統社會中也明顯存在。比如，男女雙方的家庭會交換兩人的生辰八字，看他們是否命中注定相配或相剋。如果相配，自然是高興的事；如果相剋，那無論如何是要將他們拆開的，免得留下後患。這在我們看來是迷信，沒有任何科學根據，可祖先們卻把這當作是「科學」。而且，正因為缺乏科學知識，許多所謂的「經驗」，更讓他們相信他們做出的判斷是正確的。他們也自信擁有了良好的保護手段。

土著男女雙方確定婚姻關係後，該做的就是簽訂婚約。簽訂婚約這個程序實際上已等於承認了婚姻本身是一份契約。只要契約簽訂，就一定有交換存於其中。至於交換什麼，各部落的風俗互不相同。在東南部的一些部落中，男子的妹妹必須嫁到女方家中做女方某個男性親屬的妻子。這就是人們通常講的用「女兒換媳婦」的事。在另外一些部落中，交換的不是人而是物。有些學者不認為這是交換，但其實，這種習俗的本質也是交換。男子須將自己捕獲的獵物或自己的頭髮送給岳父。有些部落，男子要將自己的獵物中最好的部分送給岳父，而且是終身的，不僅是婚前或婚後短暫時期的「孝敬」。

　　澳洲土著婚姻的決定因素中雖然感情並不排在第一位，但不能因此斷定他們的婚姻缺乏感情，也不能斷言他們的婚姻生活不幸福。正如包辦婚姻和自由戀愛。被包辦的男女雙方可能婚前互不認識，婚後卻感情日濃，白頭偕老；自由戀愛的一對男女可能婚前情投意合，如漆似膠，婚後反而互相怨恨，淡如路人。話是這麼說，可從人的願望和幻想來說，總是希望彼此愛慕、傾心的青年男女能走到一起，共度美好時光。如果他們為了爭取愛的權利而受到傷害，並且最終天各一方，那一定會使得富有同情心的人們為之落淚。人們總是同情弱者。難道不是嗎？

　　可以說，大部分澳大利亞土著的婚姻是在婚後培養感情的。雖然不是「男耕女織」，可是男子忙於狩獵，女子忙於採集的生活也必須男女配合默契，尤其是當夫婦兩人有了孩子以後，共同照顧孩子成了他們日常生活中的主要內容，孩子是整個家庭維繫的紐帶。而且，人們發現，澳大利亞土著不論男女，都十分疼愛孩子，他們的愛簡直可以算作是溺愛。孩子如果調皮，父母是絕對捨不得打的，做媽媽的只是輕輕地在孩子

的屁股上拍一下，就算是懲罰了。

澳大利亞土著男人如果沒有一個妻子，那他的生活是很讓人不滿意的。沒有人固定為他供應食物和柴火，這會直接影響到他的正常生活，對於性的要求倒是其次。這在太平洋島嶼上非常普遍，比如新幾內亞的男人，結婚主要是因為他需要一個婦女為他製陶罐、煮菜作飯，給他織網、除草。至於性需要，那是很容易在婚姻關係之外得到滿足的。還有的地方，人們以養豬數量的多少來決定一個男人社會地位的高低。如果一個男人養了幾十頭豬，他在部落裡一定是個有影響力的人，他就會娶上好幾個妻子。她們並不是被用來滿足他的性需要，而是幫助他飼養這幾十頭豬。就此而言，要求他們在婚前就有感情是不可能的。

土著中的年輕人也有不願意按長輩的安排決定終身大事的，他們寧願冒著失去生命的危險，爭取和相愛的人在一起的權利。通常情況下，阻止兩個心愛的人在一起的原因多是婚姻級的限制，即一男一女各處在兩個不可通婚的婚姻級中，這樣，他們只有離開原先的住處，逃到別的地方去。這是需要勇氣的，因為在澳大利亞土著中，婚姻規則的限制是很嚴格的，像這種違反規則的私奔行為豈容姑息！

但是，土著們最終又是寬容的。我們在電影中見多了這樣的鏡頭：一個跟著「野男人」私奔的婦女被宗族中的人抓回，五花大綁，跪在祠堂中。那些宗族中的頭面人物聚齊商量後，或是將她沉潭，或是將她賣到窯子裡，以此教育本族中的未婚女子不可觸犯族規。這些鏡頭常讓人毛骨悚然，驚詫於人性之殘忍和宗法制度的不近人情。而土著們在最後關頭顯示的是讓人感動的溫情。如果那對逃離的青年男女在歷經各種危險後，仍然頑強地意欲結合在一起，他們將得到部落的承認，他們的

婚姻仍然有效。這是對有情人的莫大支持，也讓人對現代人的婚姻又增添了些許希望。有很多「文明人」便常誇口說：「野蠻人尚且如此，何況我們呢？」

婚姻不等於戀愛。羅伯特·路威在《野蠻與文明》中對野蠻人是否有戀愛（Love）提出了疑問[9]。他倒是肯定了情慾（Passion）的存在和作用。如果肯定他的想法，我們不得不為土著們的明智感到慶幸。土著們對自己的情慾無限泛濫將造成的後果看得很清楚。當然，他們不可能看到產生這種後果的實質，但至少看到了表面原因，所以他們制定的種種規則和「感情不是第一位的」這一原則，為部落的發展做了最好的保障。可不管怎樣，美好的愛情故事永遠打動人心，人們永遠希望感情是婚姻應該首先考慮的。青春和詩意不朽，而「戀愛存在於青春中，於傳奇中，於生來富有詩情者的心中。」[10]

奇異的「迴避」習俗

中國古代做大官的出行，前面敲鑼打鼓開道的衙役手裡舉著一塊牌子，上面分明寫著「迴避」二字，告訴老百姓，不能當道阻擋為官者的道路。這是上與下的區別，這種簡單的禮節當中蘊含的是深刻的文化內容。迴避，說明社會秩序正常，老百姓服從政府的命令；不迴避，一種可能是百姓有冤要申，另一種可能是百姓對政府的反抗。一種制度被確立以後，官員與百姓之間的關係就定了型，一旦違反它，就屬於反文化了。

---

[9]　《野蠻與文明》第一二九頁。
[10]　《野蠻與文明》第一三一頁。

澳洲土著的「迴避」習俗被研究者冠以「奇異」二字來形容。其實，這種習俗並不鮮見。在中國，傳統中，公公和媳婦是應保持一定距離的，他們之間首先存在著「男女授受不親」的關係，其次又有很近的親屬和輩分的聯繫。所以，古人十分注意這種距離感。《紅樓夢》中喝醉的焦大大罵賈珍「爬灰」，說的就是公公與媳婦秦可卿的亂倫關係。它在官方文化中是不允許存在的，而「上等人」向來是以官方文化代言人的身分對下人發號施令的，「上等人」的這種行為令下人感到不恥就成了很自然的事。

　　存在於澳洲的「迴避」習俗也是指某些親屬間的迴避，通常是女婿和岳母之間應採取迴避的態度。所謂「迴避」，是指女婿和岳母之間禁止說話、禁止接近，甚至岳母不能聽見女婿的名字。當然，很多時候，女婿的名字自己就飛進岳母的耳朵裡，這時，岳母要裝模作樣地把耳朵塞起來，裝作從來沒有聽到過。

　　在有的部落裡，如果女婿和岳母面對面接近了，雙方都必須低下頭或掉轉頭，裝作沒有看見對方。有的部落，女婿如果看到迎面而來的岳母，就得趕快躲到路邊的草堆或柵欄後，否則，就是不守規矩。最有趣的是，當岳母有事要告訴女婿時，她不能直接對他說，而是兩眼看著其他什麼不相關的東西，似乎是在對那東西說話。當她把想說的話說完後，便徑直走開。那個女婿自然是在一邊聽明白了。除了女婿與岳母的迴避之外，岳父和媳婦也應迴避。甚至有同性的迴避，如岳父和女婿。這在澳洲沒有，而出現於其它原始社會。人們不能觸犯這些禁忌，土著居民把它看作是生命的一部分。如果岳母和女婿偶有接觸，會導致小輩的家庭鬧離婚；故意觸犯禁忌的男子會被部落放逐，甚至叛處死刑。這裡不由得讓我們看到制度的強

大力量。

　　阿蘭達部落裡女婿迴避岳母的習俗起因十分有趣。阿蘭達土著找妻子時有個奇怪的規定，他們並不直接找妻子，而是找「岳母」。整個過程是這樣的：他先物色一個少女，把她當成自己妻子的「岳母」，她結婚後懷孕，生產，如果生的是個女孩，那他就是挑對了；如果是個男孩，他就必須另找個「岳母」，或者執著地等下去，直到她生出個女孩來。妻子雖然已經出世，可還是個嬰兒，還不能嫁給他。這時他能做的只是耐心等待，直到妻子長大。這樣的奇怪規定使得阿蘭達部落裡的丈夫和岳母的年紀是差不多大的，甚至比岳母的年紀還大。這使亂倫有了可能，「迴避」的習俗也就應運而生。

　　生活在太平洋特羅布里恩德島上的居民也訂立了一系列迴避關係——「作為兄妹或姊弟之間的迴避關係」。它規定——

一、兄妹或姊弟必須避免任何社會接觸或親密行為。
二、兄弟必須避免知道一切有關姊妹性方面的事。
三、姊妹結婚後，兄弟必須避免直接涉及姊妹的任何生育生活。⓫

　　澳大利亞土著奇異的「迴避」習俗實際上是人類各民族普遍存在的亂倫禁忌之中一種特殊的表現形式。亂倫禁忌就是禁止家庭裡的某些成員之間發生性關係。與它密切相關的是禁止內婚的規則，即禁止在有親戚關係的個人組成的群體中婚配。俄狄浦斯（另譯：伊底帕斯）殺父娶母的故事人所共知，而在巴西的蒙德魯庫人中也流傳著相似的故事：從前有個叫瓦庫羅

⓫　見本系列叢書，曹峰《太平洋島嶼的智慧》。

姆布的人長得異常醜陋，由於害羞，只能躲在森林中。他的遭遇引起了太陽的同情，太陽把他放在太陽妻子的子宮中，他再生後，成了一個英俊的小伙子，重新回到了村子裡。村子裡一個叫卡羅陶易波的人從他那裡騙得了轉世的祕密，想重演類似的過程，可他竟然與太陽的妻子交歡。太陽知道後非常生氣，把他放在自己妻子的子宮中，當他再生時變得其醜無比。卡羅陶易波回到村子裡，瓦庫羅姆布對他唱道：「你對母親的陰處，顯示了荒謬的好奇。」後來他們在戰爭中被殺死，頭顱被割下來，成為敵人的戰利品。忽然有一天，頭顱升到了空中。敵人用箭來射，卡羅陶易波的雙眼被射穿，瓦庫羅姆布的頭則倖免於難。這是一個典型的表現亂倫關係的神話故事，它明確地告訴人們，亂倫關係是要受到懲罰的。

在應該迴避的親屬之間，如要交流，必須用迴避語。它不同於土著的日常語言，動詞、名詞、形容詞的結構都很特別。迴避語中詞彙並不多，從幾個到幾百個都有。最有特色的是迴避語中的代名詞都用複數形式，似乎這樣一來，就避免了特指的情況，兩人間的距離更遠了些。迴避語中的語式也與平時不同，如果用錯了語式，說話人會感到羞愧萬分。不過，用錯總比不用好。部落首領有權處死不用迴避語的人，這就是說話應該注意場合、分寸，亂說話、說錯話都要付出代價。

對於「迴避」習俗產生的原因，最簡單的解釋莫過於是為了防止不許發生婚姻關係的人之間發生性關係。這對於部落的正常發展是很有好處的，它維護著婚姻制度的有效和「合法性」，同時又避免「雜交」產生的混亂。這種解釋在某種程度上是以事情的結果或目的代替了它的起因，也就是以採取「迴避」方式的目的——防止亂倫——作為採取「迴避」方式的起因，並沒有好好地解釋清楚其中的因果關係。

但是，這種解釋是最易被人接受的，它比較符合現代人的想像。當然，現代人不能站在自己的立場去理解原始土著的行為，我們不能從自己接受程度的難易去判斷答案的正確與否。所以，我們不能肯定這個答案是正確的。

　　有人認為人的天性是厭惡亂倫的，一起長大的人互相之間較沒有吸引力。可是，我們知道，古印加帝國就存在著帝王必須娶他自己的親姐妹為妻約制度化亂倫的例子。

　　著名的弗洛伊德用他的無意識心理分析理論解釋亂倫禁忌。他在《圖騰與禁忌》一書中談到了「戀母情結」，即男孩對母親的性欲求。弗洛伊德用它來解釋文化與社會的起源，認為他是個人人格發展中最重要的因素。人類的早期社會由男子統治，是絕對的家長制，父親擁有對其姐妹和女兒獨占的性權利。這等於剝奪了兒子的性權利，兒子被迫反抗，殺掉了父親，並把他吃掉。但是，這樣做讓他內心充滿了罪惡感，十分痛苦，於是男孩們只能將他們對母親、姐妹和女兒的性欲求抑制起來。同樣，女兒迷戀父親的戀父情結也存在，這使得女兒對母親有敵對情緒。弗洛伊德的理論對人類的心理做了細緻入微的分析，是人類多個角度認識自身的一個良好的嘗試。

　　另有一種說法，它用一種社會現象對另一種社會現象做出解釋：由於從婦居制（很有些像「招女婿」），使得新上門的女婿成了不受歡迎的陌生人，原來的家庭成員對他不理不睬。而在從夫居制的地方，新來的媳婦同樣不被理睬。但是，我們不明白的是為什麼土著不願意理睬新來的家庭成員，為什麼在婚後較長的一段時間裡也不願意和陌生人做些交流。這種解釋有一點站不住腳，因為從婦居制和「迴避」習俗同時存在的實例較少，人們難免會感到懷疑。

　　列舉了那麼多種解釋，我們還是很難給讀者一個明確的答

案，究竟是什麼原因產生了「迴避」的習俗。然而，正是這撲朔迷離的難題，會引得我們更興趣盎然地去探究澳洲土著的祕密。「迴避」的習俗不僅存在於澳洲土著之中，也廣泛地存在於其它原始社會裡，甚至在我們現代社會裡也依稀看得到它的痕跡。或許這只是現代人了解土著生活，反觀自己的生活而產生的感覺，可這種感覺讓我們想到文化的繼承性。不管「文化」有多少種定義，它的繼承性是不會被遺漏的。先人們吃飯、睡覺、說話、穿衣的習慣或多或少會被保留到後人的生活習慣當中，我們從自己的身上可以看到先人們留下的氣息，這種氣息使我們感到一種溫暖──我們是有根的人。不管澳洲土著居民中間「迴避」習俗產生的原因是什麼，它一旦產生並成為一種代代相傳的成例以後，它的影響力就遠非當初所能預料的了。結合澳大利亞的婚姻制度來看，「迴避」習俗是完全符合他們不可跨越婚姻級結婚這條「硬性」規定的，這也是土著在非同輩的男女親屬間設置的一道屏障。這道屏障看似輕巧，實則厚重如山，它成為澳洲土著關於男女關係規範中的一部分，成為他們的行動準則。

婦女的使命

在「男人與女人」一章中單設「婦女」一節，似有重女輕男之嫌。其實筆者本意絕非如此，只是有些問題需要進一步說明白，才會把這些「說明白」的文字另組一文。

本世紀六〇年代，女權運動蓬勃興起，爭取男女同工同酬、爭取女子參政議政的權利、爭取婦女在家庭中的地位等等一時成為熱門話題。之後，文學中出現了「女性主義文學」，

一些國家有了女總統、女經理，女性下屬奮起反抗男性上司的性騷擾也成了潮流。婦女們還聯合起來，召開世界婦女大會。

其實，早在法國大革命時，婦女解放就已經成為革命的一部分。一七九二年，瑪麗‧沃斯通克拉夫特受法國大革命的影響，寫下《維護婦女權利》一書。從此以後，這股浪潮一發不可收拾。這股浪潮不僅改變了性道德的內容，也改變了全世界包括政治、經濟和文化在內的各個方面。

易卜生小說中的主人公娜拉，一個勇於離開家庭出走，創造新生活的女人。她們當中的許多人紛紛離開舊家，尋找一種新的生活，尋找一種新的人生價值，一時成為激動人心的事。然而，不久又面臨了娜拉出走以後怎麼辦的問題。

但不管怎樣，現代人認為男女是平等的。在一些現代人眼裡，澳洲土著社會絕對是個「重男輕女」的社會。例子很多：土著們遷徙時，男人隨身只帶飛去來器、長矛等一些武器，其它什麼都不拿，而婦女們要帶上孩子、採集食物的工具和林林總總其它各種東西，又重又累；部落裡舉行成丁禮，不許青年男子將在隔離時看到的事事物物告訴婦女；各種祭神儀式中，男人們用「牛吼器」發出的可怖聲音嚇唬婦女，不准她們參加；部落裡的集體會議，只有老年和成年男子有參加的份，婦女被排斥在一邊。這些例子中，婦女不是需要幹累活，就是沒有參加部落正式典禮的權利，看上去似乎著實可憐。但是，事實可能與我們看到的並因此做出的猜想不一樣，所以，我們有必要對澳洲土著婦女的日常生活做個大概的介紹。

在平時生活中，婦女扮演的角色是主食的採集者。關於這點，我們已在前文中有所涉及，是因為性別分工造成的。婦女們通常在湖邊、沼澤地邊、海邊礁石下採集貝類，或是抓螃蟹、烏龜和蛇，在地裡還可以挖到蜥蜴、螞蟻和蹐嘈。婦女們

用採來的山藥和草籽做成饅頭，或者把水果、蜂蜜和野花做成甜點。總之，土著居民主要吃婦女們採集來的食物，因為男人們打獵的活兒不是旱澇保收，不能指望他們。

除了採集食物，婦女們還負責取水、拾柴、照料孩子，幫助男人建造房屋。如要遷徙，她們就帶上兒童、掘土棒、放零碎東西的小槽和飲水。一部分東西頂在頭上。拎水也有竅門：把帶枝的樹葉放在水裡，以免水濺出來。途中，仍不停地採集食物。到了目的地，就開始布置野營，造簡單的房屋（和男人合作），採集燃料，生火，準備食物。

如此看來，婦女的工作涉及到生活的各個方面，其辛苦的程度幾乎超過了男性。因此，便會有人下判斷說，此乃男女不平等。粗看起來，的確不平等，因為女人幹的活兒比男人的多嘛！但只要舉個反例就明白了。十五世紀歐洲宮廷貴婦人從來不幹活，整天穿梭於宮廷舞會中，她們的地位就高了嗎？大觀園裡眾多姐姐妹妹養尊處優，她們難道享受過「男女平等」？顯然，對於這一點，現代婦女是不願同意的。可見，以簡單的勞動量的多少來判定澳洲土著「重男輕女」實在略顯粗率。

澳洲婦女被排斥於土著主要的社會活動之外，這一點值得引起注意。土著們生活在一個集團中，任何有關部落的大事都是在集體的儀式上討論並做成決定的，而這些儀式全沒有婦女的份。可是，另一些「社會事務」卻由婦女承擔。比如婦女可以參與部落間的談判；婦女往往作為本部落的使者，到鄰近的部落訪問；一旦發生械鬥，婦女又充當了調解人。婦女充當的這些社會角色具有一個共同的特點，即都具備較好的運用語言的能力和善於對情況做出判斷。這似乎正印證了一般婦女的兩大特點：語言能力強、細緻敏銳。看來，原始的澳洲人已經從生活中發現了這一點，並且聰明地把它運用到生活中，效果一

定是不錯的。

　　澳洲土著男子舉行的祭神儀式或其它一些會議是不允許婦女參加的。如果以此推斷「男女不平等」，就忽略了產生這種現象的原因。在土著的觀念中，並沒有所謂「男女不平等」，而是一些現象令他們迷惑和害怕，其中之一就是月經。土著們對婦女定期的月經鮮血感到害怕，他們害怕它會玷污神聖的東西，因為他們不知它為何而來，所以唯一能做的就是避開它。於是，為了讓月經血不致玷污祭神禮，婦女就被排斥在祭神禮和其它集會之外了。面對女子的月經血，新幾內亞沃吉歐島（Wogeo）上的土著男人做出了完全相同的反應，他們模仿女人這種「神聖」的行為，定期割裂陰莖，流出鮮血，表示男子對女性奇怪魔力的畏懼。直到現在，仍會有些老年婦女把月經看作是污穢不堪的東西，見不得人，這正是受了傳統思想的影響。可見，由現象看本質不是件容易的事，「男女平等」是我們頭腦中的思想和觀念，硬要把它加在土著的頭腦裡是件愚蠢的事。

　　婦女們有自己的儀式，通常她們也不許男子參加進來。這是什麼原因造成的？是因報復的心理，還是其它什麼習俗的影響，或是來自更古老的母系社會的遺留，我們不得而知。婦女們的儀式也有一套完整的程序，其中，和男人世界相同，老年人的地位很高，一些老年婦女是儀式的主持人，個別的老年婦女成為其他婦女崇拜的偶像。

　　婦女們除了完成採集食物的工作之外，另一大任務是生育並照顧下一代。生育是婦女的天職，在有些時候，它成為決定女人命運的關鍵。中國古詩《孔雀東南飛》講述的崔蘭芝和焦仲卿的愛情悲劇，經一些好事者的考證，認為崔蘭芝之被婆婆趕回娘家，是因為婚後一直沒有生育，使得焦家有可能斷子絕

孫。「不孝有三，無後為大。」家門斷了烟火，可是斷斷不能的事，所以婆婆顧不得小夫妻的恩愛，棒打鴛鴦。

澳洲部落中有的男子已有一妻，卻還會另娶一妻，原因就可能是第一個妻子沒有生育。其他原因中最主要的是經濟的原因。澳大利亞土著男子希望有個女人照顧他的生活，使他能夠過上固定的生活。這一點在其他民族當中也是很常見的，如新幾內亞的男人結婚並不是為了滿足性需要，他們在婚姻關係之外很容易得到性的滿足，他們結婚是為了有個女子能為他做陶罐、煮菜和做飯，還能為他織網、除草。

照顧孩子的工作，男人也會參加進來，但負主要責任的是婦女。哺乳期很長，一般會持續三年（人類學家認為，哺乳期內，婦女懷孕的可能性比較小，時間較長的哺乳期有利於控制孩子的降生）。母親和孩子在這段時間內培養了深厚的感情，這種感情是母親和兒女關係得以鞏固的基礎。孩子大了，需要長輩的管教。澳洲的父母特別寵愛孩子，尤其是母親，在我們眼裡簡直可算作是溺愛了。有位母親看到自己的孩子十分調皮，就上前訓斥。可孩子並不理睬。於是她又教訓了幾句。但孩子頑皮依舊。母親看上去是生氣了，伸出手要打孩子。可巴掌真的落到孩子身上，那哪叫打呀，分明是拍，而且是輕輕一拍。孩子自然毫不害怕，一蹦一跳地跑開了，而那位母親也只能作罷。父母對孩子的過分寵愛也許是較長的哺乳期造成的，他們與孩子之間已經有了一種聯繫，彷彿孩子是自己身體的一部分，輕易難以割裂。土著們在成丁禮上對青年男子實施的殘酷考驗與對兒童們的愛形成了鮮明的對比，足以讓我們看到成年人的良苦用心：生活中充滿了艱難困苦，經不起成丁禮的考驗，要在成人世界裡站穩腳根，只能是夢想。

婦女由於上天賦予的生育能力而受到崇拜。在有的部落裡

點土著們會把婦女在神話中的形象與某個具體的婦女聯繫在一起，因而崇拜這個具體的婦女。許多土著神話中的神話人物是女性，如太陽女神伊希、姆頓卡拉和北海岸地區流傳的女性造物者。從中我們依稀可以看到母系社會的影子。土著居民通常崇拜某個具體的老年女子，有些地方也崇拜青年女子。人們認為，早在神話時代，人類是從這個女人腹中生產出來的。按照神話的解釋，婦女們曾經一次又一次進行神授旅行（divine journeys）。雖然後來的澳洲母神崇拜逐漸消失，但是，對於婦女生育的崇拜卻從未消失過。土著們通過這種崇拜，以保證部落的興旺和發展。

「婦女崇拜」在部落中是一件非常祕密的事，在她們自己的宗教儀式上，她們通過各種程序表示自己的心意，祈求神的賜予。儀式對男子保密，她們決不能做饒舌婦，說出祕密，否則將受到懲罰。而且，由於人們對澳大利亞婦女儀式所知甚少，這些儀式因此顯得更具有神祕色彩。

另外值得一提的是，男人們並沒有通過強制手段，以了解婦女們的祕密，他們和她們好像能保持完全互不干涉，彼此雖然都對對方的祕密充滿好奇，卻很少有人破壞規矩，到不屬於自己的範圍內去打聽消息。這可能與某些迷信思想有關，諸如：如果打聽儀式的內容或偷看儀式的程序，將會受到神的處罰。對原始土著來說，這是很可怕的。

澳洲土著婦女用石頭把自己的頭髮割得很短，以我們的眼光，真的不怎麼好看。可是，土著有自己的審美眼光，不用我們操心。而且土著婦女在現實生活中承擔了她們能夠承擔的責任，她們幹得不錯，完成了主神拜阿米造人時賦予她們的使命。

Chapter 4
圖騰的世界

「這是我的父親」

兒子與父親之間有一種天然的親密關係，這種關係來自血緣上的繼承聯屬。因此，要嘛父子情深，要嘛如果兒子對父親產生仇恨，也將是一種夾雜著矛盾情感的恨，常常讓人在感到可怕的同時又生出可憐的心來。俄狄浦斯始終是人類無法擺脫的情結。

澳洲土著在同歐洲人交談時，會告訴他們：「這是我的父親。」從語氣中聽得出他與「父親」的關係密切，有著深厚的感情，而且說話時露出故意炫耀的神情。那麼，「父親」是誰？他當然不是個真的人。他可能是一隻青蛙，也可能是一隻蝙蝠，或者只是一隻青蟲。總之，他是圖騰，是土著的祖先。

我們已經知道土著心目中人的起源是由於主神拜阿米的創造。可那是遙遠的事，和現實中的生活相差十八萬千里。土著真正關心的是自己的祖先，那才是自己真正的根。就像現代人打開家譜，帶著好奇心探尋先人是幹什麼的，暗暗在心裡描繪

他的形象，或者聽白鬍子爺爺講他的爺爺的故事。

　　土著認為自己的祖先是一定種類的動物或植物，如前文中所提到的青蛙、蝙蝠、青蟲或是甲蟲、袋鼠等等，要嘛就是一些花或者草。連天上下的雨這種沒有生命的東西，有時也被土著當作祖先。土著們認為自己和這些動植物之間有著一定的親屬關係，所以就有了「這是我的朋友」、「這是我的一部分」這樣的說法。而且，這種親屬關係帶有一定的神祕性。由於這層關係，圖騰成了土著們的保護神。這就演變成原始社會中最為著名的「圖騰崇拜」。圖騰和原始土著之間是一種互惠的聯繫，圖騰保護人們，人們則以各種方式來表示他們對圖騰的敬意。

　　可是，土著們在回答為何選擇某種動物或植物作為圖騰時，卻常常讓我們感到不知所云。如果一個部落選擇了青蛙作為圖騰，我們會問：為什麼不選袋鼠？他們會這麼回答：「我們的父親是這樣說的。」至於這種親屬關係究竟始於何年何月，部落裡大部分人是不知道的。這種關係在土著們看來是神聖不可侵犯的，他們要做的只是承認並且繼承它。也許它的來歷只有部落裡的少數人知道，比如巫師，他們掌握著部落裡的種種祕密，如果他們帶著祕密離開人世，那可能我們就真的永遠也找不到答案了。

　　中國傳統中最著名的圖騰是具有無窮威力的龍，經過五千年的文明史，它已經成為中華民族的標誌之一，是每個華人心中認可的華夏民族的象徵。可是，龍到底是什麼？從來沒有人看過龍，它是一種並不真實存在的動物。龍像馬，又像蛇。《論衡‧龍虛篇》中說：「世俗畫龍之象，馬頭蛇尾。」，《呂氏春秋‧本味篇》中有「馬之美者，青龍之匹」的說法。龍有時還有些像狗。《後漢書‧孔僖傳》說：「畫龍不成反類

犬。」《列仙傳·呼子先傳》則有「有仙人持二茅狗來……子先與酒嫗各騎其一，乃龍也」的說法。此外，我們還覺得龍像魚，會在水裡游，像鳥，會在空中飛，像蟲，會在地上爬。它的身上集中了許多動物的特點，實在是個動物集合體。其實，龍可以算作許多不同的圖騰蹂合成的一個綜合體，是個混合的圖騰。這個混合的圖騰是怎樣產生的？我們知道，幾千年前，中華大地上各部落之間的戰爭非常激烈，部落的互相兼併是經常發生的事。部落兼併後，其成員的生活將發生很大的變化，尤其原先的圖騰信仰會受到影響，兩個圖騰會發生形象上的「疊加」，改變本來的面貌。不止在中國，古埃及由於戰爭頻繁，也存在著類似的情況。

但這種情況在原始澳大利亞土著中並不存在，他們的圖騰在現實生活中真實存在，是看得見摸得著的。這也是因為土著們的生活環境造成的。澳洲大陸的自然環境相對而言比較平靜、簡單，各部落之間很少發生大規模的戰爭，部落兼併的事更是從未聽說過。大家各自對自己的圖騰供奉如神，相互間相安無事。所以，長著鴯鶓腦袋的袋鼠或者叫聲像青蛙的考拉（無尾熊）是從來也沒聽說過的。

由於澳大利亞各個部落之間基本上處於和平的狀態，彼此之間少有爭鬥，他們的圖騰也就互不侵犯，並沒有兩個部落的圖騰互相爭鬥的傳說。而我們知道，在中國的封建時代，每個部族的神擔當著保護本部族的使命，一個部族的神和其他部族的神處於敵對的地位。《左傳》中說：「神不欲非類，民不犯非族。」這兩種不同的情況，也是由當時的社會生活狀況決定的。

澳洲的圖騰崇拜以其發達程度而著稱於世，幾乎每個部落都有自己的圖騰。土著們把圖騰看成親屬，將它供奉起來，也

希望它給予他們保護，保護他們不受其他部落的侵犯。在阿蘭達部落，土著還把自己和圖騰等同起來。這是為什麼？可能是土著對圖騰的崇拜達到了無以復加的程度，以至於親密到合二為一的地步。所以，土著們的圖騰總是擁有兩個形象：一個是人的形象，另一個是動物的形象。

在加拿大納斯卡皮人中間流傳著這樣一個故事：狩獵者經過很長的時間，發現了一個藏有幾千隻馴鹿的大洞穴。在洞口，他們看到了主宰馴鹿的神。他雖然也是一隻馴鹿，卻具有人形，白白的皮膚，穿著黑色衣服。狩獵者想進入洞穴捕馴鹿，他們徵求這位馴鹿保護神的意見。神只答應他們獵取一定數量的馴鹿，如果他們不同意，他們就會一隻也抓不到。這是狩獵部落中典型的「神人同形」。

人和神的緊密結合就像澳大利亞土著觀念中人和圖騰的關係。土著居民中普遍認為，個人的存在是不可能的，人的存在只不過是其圖騰祖先之生命力的一種形式罷了。阿蘭達人參加葬禮時都要面向他們的圖騰所在地，等待著研生命的再一次降生。圖騰的影響力是巨大的，一直到了現代，澳大利亞土著仍然認為是夢幻時代（Dreaming Time）之人的動物精靈變成了現在的各種動物。一個土著說：「大家都是像黑色人一樣走路，都是一式一樣的黑色人。後來他變成了今天的大袋鼠、鬣蜥、鳥。」正是這些人的精靈將圖騰動物和人聯繫在一起。土著們幾乎到了很久以後，才把生命的孕育和男女之間的性行為聯繫在一起，而且仍然認為精靈進入胎兒的身體比性行為更重要。精靈是從腳、肚臍或嘴巴進入母體，成為孩子的圖騰。

在澳洲原始社會中，屬於同一圖騰的部落成員都深信他們源於一個共同的祖先，具有共同的血緣關係，由於共同的信仰和共同的義務感把他們緊緊地結合在一起。圖騰崇拜代替宗教

的位置，占據了人們的心靈，它幾乎成為原始社會構成的基礎，很多風俗習慣和行為規範都是從中演化出來的。比如相信一種圖騰的一個集團內部的成員相互之間不能發生性關係，不可以通婚，這就是「族外婚現象」。再如圖騰在母系中傳遞，就限制了兒子和母親、姐妹發生亂倫的關係。這種情況在太平洋上的新可里多尼亞也存在。雖然母系氏族已經被父系氏族所取代，但圖騰信仰仍和母系氏族中的各種觀念緊密地聯繫著。人們對母系氏族的圖騰較自己部落的圖騰更為崇敬，並且時刻意識到自己和母系親屬的聯繫。

圖騰崇拜可以說是一種信仰體系。在澳洲，基本上是部落圖騰，即整個部落的成員具有相同的圖騰，它們是世代遺傳下來的。圖騰崇拜與偶像崇拜不一樣。因為圖騰崇拜的對象是一類，不管動物或植物，是一個群體。土著們相信，他們與它們當中的任何一個都保持著親密的關係。而偶像崇拜的對象通常是一個單獨的個體，這個差別對後面將提到的圖騰禁忌和圖騰儀式都有所影響。具有一個共同圖騰的土著相信他們也具有共同的信仰和共同的義務，這就把他們緊緊地結合在一起。他們互為兄弟和姐妹，彼此應相互關心與支持。如果圖騰集團中的一個成員遭到不幸或傷害，其他人都有責任和義務幫助他，或替他報仇。

令人難以想像的是，有時候圖騰的凝聚力竟然超過了家庭的力量，它成為土著們生活的中心，對它的忠誠是第一位的，人們沒有理由排斥那些也將它作為圖騰的人。

家庭是現代人尋求安逸、調節和安慰的地方，除非家庭關係緊張，一般我們總把家庭稱作「避風港」。家庭成員是我們的親人，我們愛他們、關心他們，願意為他們排解憂愁。走出家庭，我們很難可以再找到這樣一個理想的場所。

當然，這是就一般意義上說的。

澳洲土著的情形顯然不同，他們在小家之外有個「大家」，「大家」裡最重要的是圖騰，土著們祈盼圖騰的保護和關心，離開它的保護，土著們就擔心可能會受到自然和其他部落的傷害。更重要的是一種「歸屬感」。如果你從內心感到自己是有人支持的，感到自己所站的這塊土地是扎實的，心中當會有安慰感。原始社會中，土著面對大自然的樣子可能就像一個文盲坐在電腦面前手足無措，不知從何下手，他們不知道何以自然界會有種種奇怪的現象。儘管澳洲的自然環境不像非洲某些地方那樣惡劣，沒有十分凶猛的動物，但它對早期的人類來說，「仍然」相當具有威懾力。這似乎引出了一種圖騰起源的說法。土著在無法控制自然界的時候，把自己幻想成是自然界中某類東西的親戚，向它表示崇敬，請求它的關心，以此拉近彼此的距離，希望能與自然和平相處。人與自然的關係問題是伴隨著人類歷史發展的永恆問題，人類面對自然，經歷了一個成長的過程。澳洲土著的圖騰觀念代表的是這一過程的初期，雖然幼稚，可的確很聰明。它使人們在心理上尋求到了庇護所，也在行動上找到了根據。

關於圖騰觀念的起源，是個極其複雜的問題，各個時代，各種學派的學者都各有自己的一套說法，要在這短小的篇幅裡分辨個清楚是不可能的。況且，每種說法都有些道理，還是將這個難題留待學者進一步討論吧。

那麼，我們為什麼會選取以上的這種解釋呢？原因並不複雜。澳洲土著「這是我的父親」一類的話中體現出的心理上的親近感暗示我們，早期人類在集團內部尋求到的情感不足以抵抗外部世界的巨大衝力，潛在的心理壓力需要找到釋放的渠道。這看似心理問題，然而再仔細究查，這種心理壓力是自然

界的各種現象作用於人類心靈的表現，所以，壓力來自大自然。如果人類不在大自然中尋求保護，他們該從哪裡找呢？

但是，有一點必須指出，即從心理的角度解釋圖騰的起源是個很冒險的舉動，我們很容易在這條路上走過頭。因為，首先我們難以猜測久遠以前的原始人有什麼樣的心理狀態，而且，從兒童和原始人心理狀態的簡單比較中找出若干相似之處也是一件不見得可靠的事。其次，我們可能會把心理的作用過分強調，以至於達到了一個不太恰當的高度，正如弗洛伊德所做的。弗洛伊德在《圖騰與禁忌》中曾經以一個叫作阿爾伯特的男孩為例，闡述了他的圖騰觀。

阿爾伯特在兩歲半的時候曾想在雞欄裡小便，被雞啄了一下生殖器。當他一年後重新回到這裡，就開始把自己裝扮成一隻雞，學著各種雞叫聲，所有的注意力都集中在雞欄裡而拒絕和大人們說話。他最喜歡的玩具是玩具雞，他不斷地洗滌和撫摸它；他最喜歡的遊戲是模仿殺雞；他最喜歡的話題是有關雞和其它家禽的種種；而且，他只唱關於雞的歌。弗洛伊德認為這個小男孩把自己當成了自己的圖騰動物，而且，他對待圖騰動物的感情是非常矛盾的。

弗洛伊德把兒童和原始人做比較，相信圖騰對於原始人就好比父親對於兒童，認為圖騰正是在俄狄浦斯情結的條件下產生的。俄狄浦斯犯下的殺父和娶母的罪行反映在原始人的圖騰世界中，正是冒瀆了不殺圖騰動物和不准與同一圖騰的婦女發生性關係這兩條基本準則。

但是，實際上，我們只覺得這種解釋更多的是牽強附會，其中有太多猜想的成分。

所以，我們雖然在這裡選擇從心理角度去解釋問題，但決不意味著把心理原因放在第一位。如果讀者對圖騰的起源感興

趣，不妨多多涉獵有關書籍，做個認真的猜測。

　　澳洲土著的圖騰崇拜是起自一種驚人的幻想。那些蛇、袋鼠、青蛙一旦成為人的一部分，人不是因而就融入了自然嗎？這些幻想是現實中的神話，雖然它們不以故事的面貌出現，可是故事中的角色就在我們眼前晃動，它們是活生生的。土著們幾乎全是編故事的高手。當然，這是生活硬逼出來的。

道德法庭上的審判

　　在澳大利亞，那些被奉為圖騰的動物是不允許殺害或當成食物的。這也就是所謂的「圖騰禁忌」。原始人既然把圖騰當作自己的親屬，就對它們帶有一種宗教意味的敬意。當然，還有一種說法也可以解釋何以禁食圖騰——因為土著看到動物不吃自己的同類，所以，他們也不能這麼幹。

　　「禁忌」，英語稱作「taboo」，它是個源於波利尼西亞語（Polynesian）的詞。古羅馬、古希臘和希伯來人都有和它含義相當的詞語，美洲和非洲的一些種族或部落中也有類似的詞存在。

　　現代人使用這個詞，一般有兩種意義：

　　一、禁止接觸神聖、崇高的人或物，以免褻瀆；

　　二、禁止接觸邪惡、不道德的人或物。

　　中國古代，人們互相問稱呼不直呼其名，而是稱字，就起因於一種避諱觀。在廣大的非洲大陸，非蒂人十分敬重馬，他們禁止吃馬肉，即使到了現在，他們也從不殺馬。而在巴薩里族地區，人們禁止哄趕或捕捉蝙蝠，違反者被認為是觸犯了蝙蝠的生靈。

法國人類學家 S・雷納克（S・Reinach）曾經把圖騰崇拜的內涵總結為十二點，其中有三點是關於圖騰禁忌的：「某些動物禁止被殺被吃，有些個別動物則加以小心飼養。在某些情況下，禁止食用的僅僅是某些動物身上的某些特殊部分；在通常情況下不能加以傷害的動物在必要時不得不加以殺害時，則需要請求它的寬恕，並需設法通過各種手段或藉口去減緩由於殺死該動物而破壞了禁忌所可能帶來的嚴重後果。」❶

　　澳洲土著的圖騰禁忌源於圖騰的崇高和不可侵犯。

　　我們在前一節已提過圖騰崇拜和偶像崇拜的不同。圖騰崇拜的對象是動植物。因此，如果一個部落的圖騰是蛇，這個部落的成員是不允許殺害蛇的，他們相信每條蛇都是他們的親屬。可如果其它圖騰的土著殺了一條蛇被他們看到，他們不會採取激烈的復仇行為，而只是傷心和無奈。他們會說：「我的兄弟被打死了。」在澳大利亞東南部的土著如果遇到這種情況，可能態度會嚴厲得多。他們會提出抗議。所以，各個地區在圖騰禁忌上又有細微的差別。如果圖騰是植物，土著就禁止採集這種植物。

　　圖騰禁忌還包括禁止吃圖騰的肉。有的部落既禁止殺害圖騰，又禁止吃它的肉。有些部落主要是禁止吃圖騰的肉，但可以殺死圖騰動物，比如瓦拉孟加部落的土著就是如此。還有些部落，比如在達令河流域附近的一些部落，殺害圖騰動物是不允許的；可如果別人殺害了自己部落的圖騰，它的肉是可以吃的。

　　還有些部落禁止殺害圖騰動物，但如果迫不得已，比如饑餓難當，又找不到其它可吃的東西，殺害圖騰並吃它的肉是允

---

❶　《原始文化研究》，朱狄著，第 76 頁。

許的。這被認為是圖騰餐（communion），它是最為珍貴的食物。圖騰餐的儀式通常都是在食物極其缺乏的時候舉行。進餐時，部落首領有權首先品嘗圖騰動物的肉，然後他再把它分配給部落中的老年人。圖騰的肉被認為是人與神溝通的「工具」，通過它，人和神才發生了交往，這一餐打通人與神的關係。由於部落成員的生活都要靠圖騰的保護和幫助，因此，它具有絕對的神聖性，土著們認為，吃了它的肉，就好比吃了自己身上的一塊肉。

圖騰禁忌不如外婚制禁忌那麼可怕。土著們如果觸犯了外婚制禁忌，會被部落打死或殺死，而觸犯了圖騰禁忌的土著只會上道德法庭接受審判。部落成員明顯地對那個殺害圖騰動物或吃了圖騰肉的人表現出不滿，他們會責備他，會形成一種譴責的輿論，使那個人於心不安；除此以外，他並沒有受到任何損害，他仍可以參加部落的各種活動，具有各種他原先擁有的權利。以我們的觀點來說，他上的只是道德法庭。各個部落的情形大致都是如此，土著們相信傷害圖騰動物會有報應，可能會生病，這種觀念使他們不敢輕易違背圖騰禁忌。

我們看到，在澳大利亞土著中間，破壞禁忌所遭受的懲罰是一種精神上或自發力的力量控制的，也就是由破壞的禁忌本身執行報復。觸犯禁忌的人本身也將成為禁忌。

禁忌包括各種形式和內容，存在於許多原始民族之中。有些禁忌對於人類的自身發展有好處，如禁酒。但是，仍有其它一些關於瑣碎細節的禁忌常讓現代人莫名其妙，不知其源頭在哪裡？又是因為什麼原因而產生的（同樣，當時遵守這些禁忌的人們也未必理解。他們只是遵守，並未想到去質疑）？這些禁忌代代相傳，漸漸融入人們的生活，成了習慣，還有誰會特別去關心呢？

禁忌的起源亦有多種，我們無需討論。只是，有關的各種猜想都很有趣。如弗洛伊德把禁忌和強迫性心理聯繫在一起，就很吸引人。

許多民族都有禁忌。在非洲馬達加斯加，士兵出征之際，家中不得殺雄性動物，否則他會死於戰場；老撾的獵象人出發時，必須警告其妻在他狩獵期間不得剪頭髮或用油膏，不然大象會破網逃走；印尼西里伯斯中部的托拉查人有孕婦居住的地方，登樓梯的人不能遲疑或止步，以免孕婦流產。

各民族的禁忌中，澳大利亞土著的圖騰禁忌為比較遠古的一種，因此，人們對它的興趣一直十分濃厚。圖騰禁忌是澳洲土著圖騰觀的核心，它不是後來的某些社會中國王、僧侶等人故意加給普通民眾的，而是從土著的自然觀中生發出來的。

澳洲原始人還沒有能力區分人和動物的不同，他們從動物身上「領悟」到許多人的特點。對圖騰的禁殺和禁食正源於此。「我的父親」、「我的兄弟」是殺不得的，道德法庭也是上不得的。

鮮血滴在聖石上

澳大利亞圖騰崇拜中有一種特殊的圖騰儀式。這是一種目的性很強的儀式，土著們希望通過這種儀式，使圖騰動物繁殖。澳洲土著居民將某樣動物作為自己的圖騰，向它表示崇敬，相信它會保佑自己的部落，會幫助部落中的每個人，所以希望這種圖騰動物儘量繁殖，數量越來越豐富，這種想法是十分自然的。

土著們的圖騰儀式可以算是儀式文化的一部分，其本質是

一種「禮」。中國很早就有許多對「禮」的認識。《說文》曰：「禮，履也，所以事神致福也。」可見「禮」的真正目的是想從神那裡獲得實際的利益。在原始文化中，各種儀式占據了很重要的位置，它們往往作為一種「宗教語言」，發揮著作用，組織著日常的社會生活。圖騰儀式的更深層內涵也許就是它在精神上的意義。

在澳洲北部的瓦拉蒙加人中，有的部落以白鸚鵡作為圖騰。在他們的圖騰儀式中，部落首領手持白鸚鵡的圖像並且模仿它的叫聲，以此希望它們多多繁殖。

B・斯賓塞和 F・J・吉倫向我們描述了阿蘭達人中以袋鼠作為圖騰的一個部落所舉行的圖騰儀式。儀式只允許成年男子參加，婦女和兒童被拒絕。儀式尚未開始的清晨，會有一個青年人在儀式舉行的地點（這是土著認為神聖的地點）附近查看是否有婦女、兒童或其它圖騰部落的人。主持人從地裡挖出一塊預先埋入的石頭。他們認為，這塊石頭是神話裡的袋鼠尾巴。主持人把它高高舉起，讓每個人都看一看，然後，又將它埋入深處。接著，人們走到水池邊喝水，再按照不同的胞族坐下。這時，部落的首領和一個參加者爬上旁邊的山坡。上面有兩塊大石頭，土著們把它們看作兩隻袋鼠，一隻雄的，一隻雌的。他們把石頭搬下山，開始在上面塗上顏色，紅色和白色的直線互相交錯。紅色是赫石的顏色，它表示袋鼠的紅毛；白色是石膏的顏色，表示袋鼠的骨骼。塗色完畢，儀式的最高潮來到：幾個年輕人爬上石頭，刺破自己的靜脈，讓鮮血滴在聖石上。旁邊的人與此同時，念著迫使袋鼠繁殖的咒語。何以土著要用自己的鮮血伴隨咒語，以促使它發生效用呢？也許是鮮血的顏色，因為紅色是袋鼠的顏色，所以它與袋鼠一定是聯繫最緊密的。咒語念完，人們把這兩塊石頭搬回營地。這是整個儀

式的第一部分，它充滿了神聖、神祕的氣氛，令每個參加者肅然起敬。

圖騰儀式的第二部分是土著們難得的吃袋鼠肉的一次機會。年輕土著把捕來的袋鼠交給年長者，他們先每人吃少量的袋鼠肉，隨後將袋鼠油擦在每個參加儀式的人身上，再把肉分給他們。土著們相信，他們必須在這個適當的時候吃一些袋鼠肉，否則，如同他們在其它不適當的時候吃袋鼠肉一樣，他們會失去對袋鼠所擁有的權力。這被稱作是一頓「圖騰聖餐」。

聖餐結束後，這一天的圖騰儀式就臨近尾聲，土著們在自己身上畫袋鼠的圖騰畫。晚上，他們聚在一起，唱著歌頌袋鼠——他們的祖先——的歌曲。第二天，同樣的程序重複一遍，圖騰儀式就算正式結束了。

土著們有種想法很讓人感動。他們舉行圖騰儀式的目的是迫使它們繁殖，雖然它們的數量再多，他們也不能吃。所以，圖騰儀式對他們沒有什麼直接的好處。他們認為，舉行儀式是為了其它的圖騰部落。這被一些學者稱為「我為人人，人人為我」的集體主義原則，讓人不由得聯想到橄欖球這項運動。有個英國業餘球員在電視中接受記者採訪時說，橄欖球不僅能鍛鍊人的身體，更重要的是培養人們「one for all, all for one」的精神——雖然自己就要倒地或已經倒地，但仍要竭盡全力，將手中的球拋給本隊的隊員，以保持橄欖球的繼續傳遞。

一種看似野蠻的運動其中蘊含著深義，就像澳洲土著的圖騰儀式，以現代人的思維方式和認知水平判斷，自然覺得愚昧且幼稚，可其中原始人的觀念亦有值得讓現代人反省自身之處。野蠻和文明之間本沒有一條不變的界線。

巫術的魔力

　　下面這些現象都是我們很熟悉或曾經聽說過的：突然摔碎了一面鏡子，或是不經意看到一隻黑貓橫穿馬路，就預示著將有厄運降臨；走在路上，要避開斜放的梯子。

　　澳大利亞土著們十分相信巫術的作用。英國著名的人類學家詹姆斯‧G‧弗雷澤（James G. Frazer）在《金枝》（《The Golden Bough》一書中這樣說：「巫術是一種假造的自然規律的體系，一種不合格的行為指導，一種偽科學，一種早產的藝術。」土著們沒有一定的科學知識，他們在實施巫術時，關心的只是巫術的結果和作用，並不去想一想巫術為什麼會起作用。❷

　　在澳大利亞北部和中部，土著們會用巫術報復自己的仇人。方法很簡單：他們拿一根人骨，將它指向敵人的方向，然後口中念著咒語。這樣一來，巫術就發生了作用，它的力量會穿過空間，朝敵人的方向飛去，打中敵人，看不見的石頭（石頭的作用很多）或其它什麼東西穿入他的體內，他就會因此死去。這種巫術的形式被弗雷澤稱作「模仿巫術」（homeeopathic magic），它遵循的是一種「相似律」（law of similarity）。土著認為，既然他們將武器（長矛或飛去來器）飛出是能擊中敵人，致敵人於死地的，那麼這種類似的行為（雖然並沒有真實的武器，敵人也許在遙遠的地方）同樣會產生效果。這是一種很明顯的模仿，也是土著人最常用的。

　　其他民族也有相同的情況。《紅樓夢》裡，趙姨娘在王熙鳳和賈寶玉的小人像上插上針，王、賈兩個果真就犯了病。這

---

❷　《金枝》簡本，紐約一九六〇年版，第 14 ～ 15 頁。

就是從很早以前流傳下來的一種巫術。馬來人和普韋布洛印第安人都有。他們用一個小木偶代表敵人。他們相信，如果用針刺木偶的眼睛，敵人的眼睛就會瞎掉；如果刺它的頭，敵人的頭就會疼。總之，傷害木偶部位的效果會產生在敵人身體的相同部位。

阿蘭達人愛吃一種昆蟲，希望它們能夠多多繁殖。他們就模仿這種昆蟲脫掉蛹殼的行動，因為成蟲脫掉蛹殼是土著觀察到的它們繁殖的一個重要步驟，他們對此加以模仿，相信這種昆蟲就會加快繁殖。

還有一種巫術形式被弗雷澤稱作「接觸巫術」（contagious magic），它遵循的是「接觸律」（law of contact），也就是接觸過的東西在脫離接觸後仍可繼續發生作用。我們在前面介紹成丁禮時提過，青年男子在儀式中接受的種種考驗，其中就包括了被打掉門牙這一奇怪的內容。

為何要打掉門牙？我們暫不討論。但是，門牙掉下後的保存很有趣，各個不同的部落有不同的處理方法。

「新南威爾斯達令河流域的部落把打下的牙齒放在靠近水源的水洞或樹皮下面。如果樹皮覆蓋牙齒並落入水中，便認為是吉兆；若牙齒露出地面，又有螞蟻在上面爬，土人就認為兒童將會患牙痛。新南威爾斯的穆林人（Murring）則把拔下的牙齒先交長者看管，後又由各首領輪流看管，再轉到青年的父親手中，最後再交給青年本人。在傳遞過程中，不能把牙齒和裝有巫術物品的袋放在一起。假如那樣做了，就會使牙齒的主人蒙受極大的危險。」❸

在我們小時候，或許多曾聽說過這樣一個故事：一個女孩

---

❸　《原始文化研究》，朱狄著，第 46 ～ 47 頁。

子正為找不到知心的朋友而苦惱。老奶奶告訴她，把剪下的指甲包在一個小紙包裡，埋在地下，過一段時間去看一看，如果指甲不見了，就表示知心的朋友已經到來。小女孩懷著半信半疑的態度埋下了包著自己指甲的小包，幾個星期後再去尋找時，發現不見了，而此時，班裡一位新來的女孩成了她最要好的朋友。這在兒時聽來是十分神祕又美好的故事，現在看起來，它與原始人的巫術頗有相似之處。

在父輩的時代，曾經看過一個商人搬家，他在整個搬家過程中，最為關鍵的是踏入新家門檻的那個瞬間。他的脖子上掛著一個算盤。這個用意再明顯不過了——只有精於算計，生意才能賺錢。類似於此的現象還廣泛地存在於現代人的生活中。雖然科學觀念正越來越深入人心，可人們在運用電腦的同時，並不放棄類似於原始人的一些簡單而可笑的聯想。他們的這些聯想與其說來自於事實，不如說是來自於傳統和心理需求。

巫術的影響代代相傳，雖然我們很難再將「巫術」套在那個商人的行為上，但他的行為與巫術有相似之處卻是顯而易見的。而且，這種行為會給那位商人帶來心理上的安慰。他祈求搬遷會帶來好運，也許這將成為他人生的轉折點。他將希望寄託於那個算盤上，從中我們多少能看到原始人巫術的影子。

Chapter 5
原始生活的種種色彩

激情舞蹈

在現代文明社會中，人們用來發洩情感的方式和手段越來越多，可以借助的工具也越來越多。埋頭於書本，以求得心靈的安慰；沉湎於電腦遊戲，暫時將現實的困惑拋於腦後；甚至花上大筆金錢，到羅布泊去探險，做上幾個月的「自然人」。在物質條件豐富的今天，似乎只有想不到的事，沒有辦不到的事；即使暫時辦不到，現代人也會開動腦筋，最終達到目的。心理醫生的行當又為現代人提供了一個祕密而安全的發洩情感的方式，充分保護了現代人的隱私。

與現代人相比，澳大利亞土著人發洩情感的方式就顯得簡單而直接。他們通過身體的動作，說出想說的話。這就有了被我們叫作一舞蹈」的東西。我們知道，舞蹈是原始人最早的一種表現情感的藝術形式。《山海經・西次三經》中說：「渾敦無面目，是識歌舞。」證明了人類很早就懂得歌舞了。雖然他們並不懂得什麼叫藝術（或者說，至少和現代人理解的不一

樣），但他們通過特定的動作表達，特定的含義。這一點和他們的繪畫藝術中的象徵不一致性大不一樣，也使得來到土著部落的人類學家不用費上很多的猜測，便能對每種舞蹈大概的意思猜個八九不離十。

土著的舞蹈有很強的節奏感。跟隨節奏的變化，我們意識到舞蹈者的情緒一定也在變化。人們發現，宗教儀式歌曲的節奏來自舞蹈，說明音樂在很大程度上受到了舞蹈的影響。人的本能使他在傾聽音樂時無法保持靜止狀態。感情產生了節奏，節奏又反過來促使感情的迸發。土著居民在藉舞蹈發洩情感的同時，自身的節奏感也得到了加強。

澳洲土著是個圖騰民族，舞蹈在他們的生活中除了起到發洩情感的作用，還是他們從出生到死亡，各種儀式的重要項目。跳舞成為他們激勵宗教情感的最有效的動作。土著們希望通過舞蹈，恢復和神靈世界的聯繫。按照跳舞場合的不同，可以將土著的舞蹈分成不同的類型。白人把這些舞蹈稱為「科羅博里」（Corrobborees），也有人把它翻譯成「哥羅波里」。但是，由於收集工作的欠缺和土著文化的迅速萎縮，使得我們欲將其各種不同的類型展現於大家面前的願望無法實現，只能做個籠統的介紹。

科羅博里舞最大的特點是它的象徵性和模仿性。澳洲土著居民對於他們身邊的動物十分熟悉，而且喜愛模仿它們的動作。最讓人感興趣的是他們模仿得還相當不錯。舞者先要做許多化裝工作，用紅、黃、白等不同顏色的赭石、石墨，還有粘土泥做化妝的原料，把它們塗在身上，根據所模仿之動物的不同，身上的圖案會做相應的改變。傑克遜港地區的澳大利亞人中間有一種獨特的「狗舞」，它是作為成丁禮的一部分表演的。表演者是二十個成年男子，他們裝扮成狗，圍著獻身的孩

子們，一個跟一個用四肢奔跑。這時，獻身的男孩們向他們一把一把地撒沙子。每個舞者的身後腰帶上都繫了一柄木劍，好像是狗的尾巴。我們在第四章介紹過的「袋鼠舞」也和這個「狗舞」的情況差不多，基本上是對袋鼠的模仿。

人們發現，原始民族的舞蹈中，賦有象徵意義的動作比純形式的舞蹈更為多見，每種文化中都有自己的程式化動作。可能數量多少並不相同，但一定是存在的。澳大利亞土著的舞蹈，像袋鼠舞，就是由一組象徵袋鼠的動作組成的，並且幾乎已經被固定下來了。

土著居民的舞蹈不僅模仿動物的動作，也模仿生活中的其它場面。比如他們會在某個部落儀式中模仿平時划船的情景。舞者有男子，也有婦女，他們用黃色和紅色的赭石化裝，每個舞者都手拿一根竹竿，像搖櫓似地揮動著。身子一俯一仰，有節奏地搖晃著，真的很像是在搖櫓。還有的舞蹈像是一齣完整的舞劇，其中有情節、主人公和大致的感情傾向。白人來到澳洲之後，和土著發生了許多矛盾，直到勢不兩立的地步。土著中有一個舞蹈表現出偷取白人牧場裡的羊。扮演牛羊的演員平躺在草地上，「咀嚼著反芻的食物」。偷竊者悄悄靠近他們，用長矛刺死了其中兩隻，然後做出剝皮的動作。這時他們忽然聽到了馬蹄聲。那一定是牧場主派來的人（另外一些表演者）。於是兩方展開了殊死搏鬥。贏的是誰？你一定猜得到。對，是土著。雖然在現實生活中他們常常是失敗者。土著「殺死」了白人，勝利屬於他們，觀眾們無不看得興高采烈。

在澳大利亞中部的土著部落中盛行一種叫「英迪修馬」的儀式。舉行這種儀式是為了保證動植物增殖，它的主要形式是化裝舞。這種舞蹈有著特殊的巫術意義。每種舞蹈都有它獨特的步法，每種步法都有它獨特的意義。這種意義往往只有巫師

才知道。跳舞者要做的只是按照規定的程序跳起來，至於它的意義，他們是不關心的。

　　科羅博里舞的另一個特點是參與性強。我們已經看到上面的舞蹈都是集體表演的。確實，澳大利亞土著舞蹈較少有個人的單獨表演，基本上是一同舞起來。在一些普通儀式上，除了男人可以表演舞蹈，婦女、兒童都能參與進來。通常他們把舞者分成不同的組，各組人數相同，男子的人數相同，男子和婦女分在不同組，各自表演不同的動作。有時候婦女們為男子的舞蹈打拍子。這種分組表演的舞蹈互相之間的配合十分默契，可以表演內容複雜的故事。可是，如果是一些非常正式的部落儀式，如少年的成丁禮，那婦女是不允許參加的，且男子們表演的舞蹈不能讓婦女看見。據說，婦女們有自己的集會，在這些集會上她們表演舞蹈，和男子的舞蹈一樣也是集體表演，她們也不允許男子觀看。科羅博里的這個特點不由得讓我們想到澳洲土著部落生活的一大特點，那就是永遠以集體為單位，狩獵、採集無不如此，連表達情感的方式也是集體式的。這就好像孩子們害怕孤單一樣，原始人也害怕孤單，單個人生活只有恐懼，所以，他們的所有活動幾乎都是以集體為單位。這種群舞在其他原始民族中也存在。普韋布洛印第安人有一種群舞，參加的人很多，他們裝束相同，站成隊列跳舞。正如簡‧埃倫‧哈里森提到的，原始人在舞蹈中感到他與群體之間得到了最充分的結合，而且也感到他作為自然界的一部分，和整個自然界結合在一起，舞蹈中的動作是集體的而且是有節奏的，動作因此達到它最好的表現和連續，高度緊張的情緒通過刺激性的動作得到緩解。

　　土著的舞蹈除了在本部落中表演外，還會在另外一些場合表演。澳洲土著各個部落之間存在著交換物品的習慣，這種交

換定期舉行，交換的內容除了紅赭石、長矛和飛去來器，還包括科羅博里舞。這點一定讓你覺得非常奇怪：舞蹈也可以交換嗎？是的，可以交換。科羅博里舞被土著看作是部落的一份財產，可以像其它財產一樣轉讓給其它部落。交換是這樣進行的：如果甲部落轉讓給乙部落一支舞蹈，那麼乙部落也必須轉讓一支舞蹈給甲部落。就在這樣的交換中，一個部落的舞蹈會傳遍澳洲大陸。這讓我們認識到，原始土著原本並沒有把舞蹈作為一種藝術形式，而只是財產的一部分，如果我們純粹用現代人的藝術眼光看待原始人的舞蹈，也許會對其中的精神產生誤解，也會對舞蹈在原始人生活中的地位發生誤解。

　　土著在「外交」活動中也離不開舞蹈。不管他們到相鄰部落的目的為何，都會在對方的營地附近跳起舞來。目的不同，跳的舞也不同。大聲喧嘩的舞蹈表示和平；手持武器，面帶憤怒的舞蹈表示示威。這就是土著舞蹈非常實用的功能，它幾乎完全融入了土著的日常生活。

　　儘管澳大利亞土著在許多場合都表演舞蹈，但毫無疑問，最重要的場合是部落中舉行圖騰儀式的時候，因為圖騰幾乎是他們「精神世界」中最重要的東西。圖騰儀式相當於一種祭祀儀式，土著們藉此表達對祖先的崇拜和畏懼。這種在祭祀儀式上表演舞蹈的習俗可以說廣泛地存在於世界各個原始民族中。《詩經》的《魯頌·閟宮》中有「萬舞洋洋」一說。聞一多先生在《高唐女傳說之分析》中解釋道：「閟宮為高祺之宮，是祀高禖用之舞。其舞富於誘惑性，則高禖之祀頗涉邪淫，亦可想見矣。」祭祀的目的不同，舞蹈的動作也不同。「禖」是古代人用來求子的祭禮，希望加快自身的繁衍，所以舞蹈的動作帶有一定的誘惑性。

　　原始土著的舞蹈當感情達到高潮時，可能變成沒有任何形

式的混亂動作，幾乎成為被激情控制的軀體擺動。我們知道，舞蹈的形式越是完備，單純的審美快感就越是強烈。感情因素則與此相反。所以，土著們對於舞蹈的審美需求是非常少的，其中的感情因素比例則非常大。這也就是我們為什麼把它叫作「激情舞蹈」的緣故了。

敲打著節拍的歌唱

用矛刺他的前額，
用矛刺他的胸，
用矛刺他的肝，
用矛刺他的心。

你知道這充滿仇恨的話語是什麼嗎？它是澳洲土著的戰歌，土著們每次出征前都要高唱它，以此激勵鬥志，鼓舞士氣。你讀了它們，有什麼樣的感覺？從這些與《詩經》中同義反覆的詩句十分類似的歌詞，我們看到原始文化的諸多相似之處。

在把它當作一首歌詞之前，我們首先可以把它看成是一篇文學作品，是一首簡單的詩歌。別以為土著們整天忙於狩獵，沒有時間「創作」詩歌。狩獵民族經常遷徙的特點決定了他們不可能製作出比較大型的藝術品，因為攜帶起來非常不方便。可是，「創作」詩歌並不受影響。獵人們布下陷阱，等著獵物上鉤的時候，或是什麼事也不幹，恢復體力的時候，他們可以發揮無窮的想像力，許多詩歌就是在這種情況下產生的。

只有文明程度比較高的民族才能創作出具有固定韻律的文學表現形式，也就是沒有音樂的詩歌。而在比較簡單的文化形式中，通常我們見到的是能唱出來的，有韻律的歌謠。澳大利亞土著的歌曲正是如此。

原始土著的許多歌詞都是一篇篇敘事文，以下的這首歌曲講述的就是一個關於月亮的古老傳說。當然，它只是其中的一部分——

金星向上飛翔，飛呀，飛，
直沖雲霄，懸掛在高空。
人們抬頭望，見它高掛在人魚的天宮，
雲朵的天宮，金星的天宮。
在那遙遠的地方，在那迷霧的天宮，
百合花的天宮，人魚的天宮。
金星像朵蓮花，懸掛在高空，
長長的花柄，緊握在精靈的手中。

在原始的敘事文中，內容和形式有韻律地重複是普遍存在的。讓我們先來看看內容的重複。奇努克（Chinook）印第安人的故事常有這樣的結構：弟兄五人依次經過同樣的經歷，年長的幾個都死去了，最小的一個則安然無恙，並且獲得了成功。全篇故事把每一個弟兄的事蹟逐字重覆一次。在我們聽來，故事冗長得不能忍受。但人們猜測，也許恰恰是因為故事冗長而反覆，才給原始人帶來愉悅。因為我們在其他原始民族中也找到了出現繁多的反覆。

下面就是一首來自尼日利亞的歌曲——

他買的是麻煩，
他買的是麻煩，
他就是買到瓦肖馬羅布的那個人，
他買的是麻煩。

形式的重複主要表現為韻律的重複。
夏威夷土著中有這樣一首歌——

里伊——庫——荷努啊，男人，
奧拉——庫——荷努啊，女人，
庫墨——荷努啊，男人，
拉羅——荷努啊，女人。

韻律的重複也許比內容的重複更具有打動人心的魅力，它對聽覺的刺激比內容的重複所帶來的刺激更為直接而強烈，雖然也許並沒有後者更長久。

約翰·根士曾經對土著在詩句中表現出的豐富想像力給予讚賞。土著們把日落比作「像割包皮時流出的鮮血」❶。這讓我們看到歌曲對於土著而言，不僅是一種娛樂的方式，更是一種說話的方式。他們想把生活中發生的所有事情都通過歌曲「說」出來，所以，歌曲的內容上到天上的精靈，下到地上的石子，大到神聖的割包皮時流出的鮮血，小到和同伴拌嘴的事兒。

正如我們前面所看到的，澳大利亞土著的歌曲沒有丟失原始藝術共有的一些特點，它們的重複主要表現在節奏上。土著

---

❶　《澳紐內幕》第一○七頁，上海譯文出版社。

們是敲打著節拍唱歌的。歌曲的節拍來自舞蹈。在南澳大利亞的一個部落裡，土著們伴著〈袋鼠舞〉唱的歌曲，其節奏是和袋鼠跳躍的節奏一樣的。現代舞蹈中，舞者拍手、頓足的動作都與樂曲的節奏相一致，我們的感覺是舞者的節奏來自於樂曲的節奏。但是，在澳洲土著的舞蹈中，情況卻不是這樣。舞者的節奏來自於他所模仿的動物的節奏，伴奏的音樂則要跟著舞者的節奏。所以，也許我們可以認為，土著擁有的節奏是大自然的節奏。也正因為如此，歌曲的節拍穩定而精確，遵循著傳統的公式。當然，也有歌曲的節奏和舞蹈的節奏不完全同步的情況。有時看起來，兩者似乎是完全沒有聯繫的。這在黑人的音樂中比較多，在美洲西北部的土著民族音樂中也廣泛存在。然而，澳洲土著的音樂尚處在比較落後的階段，音樂還是作為舞蹈的伴奏出現，並沒有其完全獨立的性格。

土著歌曲的旋律十分簡單，曲調是短促的二、三曲調，大多是二度音程、三度音程，很少有四度音程，有時在一個高度上重複。可是，在逐級降低的連唱滑音中，音列的總容量有時擴大到八度音程，甚至更高。各個地區的不同部落，關於音列的容量記錄明顯相反。在中部澳大利亞，主要是寬容量的音列；而在南澳大利亞，音列的容量則比較窄。在澳洲土著的合唱中，已經有了多聲部的萌芽，往往有八度音程的曲調重複，有時也有五度音程和四度音程的曲調重複，為的是旋律。

土著並沒有什麼帶著旋律的樂器。在北澳大利亞有一種鼻簫，倒是能吹出旋律來。直到現在的土著音樂會上，我們仍能看到土著藝術家表演吹鼻簫，這種樂器大概是從新幾內亞傳到澳洲大陸來的。土著的樂器一般都能吹出不同的音色，顯示出他們在音色上的多種變化，而音色在他們的歌曲中占據了非常重要的地位，是澳大利亞聲樂中最發達的表現手段。音色的變

化有兩種方式——

一、把用力和強度很少差別的各種音色放在同一個聲域內和中音調上加以對比。

二、把用力和強度不同的音色放在兩個不同的聲域內加以對比：放在高聲域的是強而尖的音色；放在中聲域和低聲域的是柔和、低沉和平緩的音色。

　　澳大利亞土著吹奏一種木管，它並不是筆直的，中間有些彎曲，不同的曲度會改變音色。而且，木管的長短和粗細也對音色產生一定的影響。這種樂器看起來實在非常簡陋，甚至比在法國下庇里牛斯（Pyreness Basses）出土的舊石器時代的骨質笛管更為落後——它被認為是歐洲最早的樂器之一，證明了舊石器時代人類已經有了音樂。它的長度大約有 10.8 釐米，上面挖了幾個圓形的孔，原始人將它橫著吹奏。澳洲土著的木管和它有些相似，可似乎更加簡單。土著居民中還流行用喇叭筒擴音，使歌聲傳得更遠，而更主要的是改變嗓音的色彩和強弱。最有意思的是，人們利用交替拍擊手掌、腹部、大腿等等變換節拍和音色。這可以算作最原始也是最有效的方法了。

　　按照不同的內容，可以將土著居民的歌曲分為不同的種類。有一大類是關於飛禽走獸的歌曲，如負鼠歌、野狗歌、白鼠歌、鸚鵡歌等等。這些歌曲之中，有的是專門唱動物的，有的則是唱獵人的。還有船夫歌、祈雨歌、求食歌、情歌等多種類別。不同的類別都有自己特殊的和聲結構，土著們從來不會弄錯。

　　從各個類別的名稱，我們就可以了解到，它們表現出的唱詞都是和土著的生活息息相關的事。土著們似乎還沒有閑情逸致唱一些風花雪月的東西，因為連他們的情歌都是赤裸裸，直

接提出要求的。這讓一些現代人覺得更為真實，雖然若真的加到他們頭上，他們未必能夠接受。有一個所謂的文明人這樣說：「最原始的音樂並不是一種悅耳的佳調，不過是把喧噪的聲音分成節奏罷了。」說這句話時，想必他已忘了這麼一點：原始人用來聽音樂的耳朵可不是他的耳朵。如果讓原始人聽舒伯特的小夜曲，相信他們也不會認為那是「悅耳的佳調」。

　　和舞蹈一樣，澳大利亞土著的音樂並不是作為一種純粹的藝術形式而存在的。從音樂的發展史來看，也能證明這一點。音樂發展的最早階段，大約有幾萬年時間都是為神服務的，它真正為自己本身服務的歷史恐怕只有幾百年。《呂氏春秋・仲夏記》中有這樣一段話：「帝堯立，乃命質為樂，質乃效山林溪谷之音以歌，乃以麋䴚置缶而鼓之；乃扮石擊石，以象上帝五磬之音，以致百獸。」（「缶」是古代盛酒的器物，將它倒過來，就成了樂器。）澳洲土著的音樂是和他們的「神」——圖騰緊密聯繫在一起的，他們的音樂和歌曲使他們覺得和一「神」的距離越來越近，並從中獲得莫大的滿足。

　　音樂對於澳洲土著的刺激一定勝過它對現代人的刺激程度，雖然現代人有高級的音響設備和品種繁多的音樂種類，而原始澳洲土著有時只能在自己的身體上奏出並不「悅耳的佳調」。

透視眼・樹皮畫

　　歐洲是世界上發現岩畫最早的地方，主要集中在法國和西班牙，我們稱之為舊石器時代的洞穴藝術。那個五歲女孩瑪麗亞（Maria）的一聲叫喊：「Look, daddy, bulls!」（看，爸

爸，公牛！）使現代人得以重見人類祖先的洞穴畫廊。這就是著名的阿爾塔米拉洞穴的岩畫。非洲也有古老的岩畫。澳大利亞的岩畫作品則屬於新石器時代。洞穴壁畫和岩畫遍布整個大陸，但比較集中在沙漠和內地山區丘陵地帶。岩畫的內容多種多樣。比如在澳大利亞中西部常見的狩獵圖上，畫的是許多像一根根小小樹枝一樣的小人像正聚在一起。在格倫費爾山的一幅岩畫上，重重疊疊的人像中，可以清楚地看到一隻黃色的大食火雞。這表示人們捉到了這隻大食火雞。

岩畫實際上向我們講述了許多故事，其中有精靈的故事。比如澳洲西北部基件河萬尼里瑞地區有一幅畫：上排是古老的一系列精靈、植物和動物像；下排是一組萬基納臉、雷和閃電精。關於狩獵活動的情況描畫：有一幅袋鼠圖，獵人們手拿硬木飛鏢和石斧，排成行，包圍和追逐袋鼠。另一幅捕魚圖畫中，三個漁夫正在獨木舟上用漁叉捕一頭綠海龜和一頭海牛。動物也是岩畫的重要內容，像巨型的鳥和鷗鵲都成為畫中的主角，那隻鵂鵲還護衛著一窩蛋。

學者斯賓塞和吉倫採集了澳洲中部常見的岩洞壁畫的動物紋樣約十多種，每一種都是用特殊的色彩填滿輪廓的線條。大致有以下幾類——

一、犬類：用木炭畫輪廓。

二、長尾鳥：紅色的輪廓，黑色的內形。

三、蜥蜴：用紅色塗描邊緣，頭部是放射線。

四、蛇出洞穴：白色的輪廓，黑色的內形。

五、某種動物圖樣：黃色的輪廓，黑色的內形，足部描上黃色線條。

六、人頭部：用木炭畫輪廓。

七、鵂鵲坐在蛋上：鵂鵲是黑黃二色，蛋是黑色，周圍圍

以白色。鴯鶓的雙足趾分為三叉形，邊是白色的。

八、植物：紅色的羊齒植物類。

九、**蜥蜴類動物的變形**：紅色的輪廓，周圍是交替向外放射的黃色和紅色線條。

十、石刀：黑色的輪廓，紅色的內形。

我們發現，岩畫的的顏色並不多，只局限於黑、白、紅、黃四種顏色，藍、綠色幾乎沒有出現。這是為什麼呢？並不是土著對黑白紅黃有所偏好，對藍綠過敏，實在是因為條件的限制之故。我們知道，澳大利亞土著可以用來畫的顏料很少，白膠泥和石膏畫出的是白色，赭畫出的是紅色和黃色，木炭畫出的是黑色。除此之外，就沒有什麼可被用作顏料了。所以，藍色和綠色是不會出現在澳大利亞岩畫上的。中國雲南滄源的岩畫都是紅色，因為當地可被用作顏料作畫的主要是赤鐵礦。這都說明早期人類的藝術創作受到了自然條件的很多限制。但這似乎並不妨礙人們將心中所思所想表達出來。

可是，土著居民又確實對紅色帶有別樣的情感。現代土著們一直繼承著保存紅赭石的習俗。他們認為，紅赭石裡含有婦女月經期間的血，婦女妊娠階段，月經停止，使得土著們相信新生嬰兒的生命是由血構成的。這種對紅色和鮮血的特殊情感在世界各地原始民族中普遍存在，原始人常常保存一些所謂的與鮮血有關的紅色石塊。在他們眼裡，鮮血是紅色的，生命也是紅色的。他們把死去之同胞的屍體、工具、裝飾品和他們送給死者在另一個世界吃的食物都浸在內有溶化之紅赭石的水中，以此希望象徵生命力的紅赭石給死者在另一個世界帶去活力。

紅色發展到後來，對原始人已經不止具有視覺刺激，開始逐漸有其社會性巫術禮儀的符號意義（他們的穿戴都用赤鐵礦染過，屍體旁也撒上紅粉）。

手印在澳大利亞非常普遍。在澳洲大陸的洞穴裡，人們經常看到抽象化的「飛去來」或者一些表示武器的符號和人的手印、手臂畫在一起。維拉朱里人（Viradthuri）在「埃穆圖騰」（Emu totem。emu 就是澳洲著名的鴯鶓。維拉朱里人把它當作圖騰）儀式中，會在地上畫一隻大手。人們在塔斯馬尼亞人的岩畫裡也發現了用紅赭石畫的人手。斯賓塞和吉倫在《中部澳洲的北方土著部族》中這樣解釋道：「當為了舉行某種儀式，丘林葛❷從洞中被移走之時，在該洞穴的入口處上面要留下該丘林葛所有者的手印。這樣做是為了『讓靈魂知道』。」❸不僅是澳洲土著，新墨西哥土著中也流傳著這樣的習俗。在中國大陸嘉峪關發現了不知年代的有手印的石塊，更是讓人好奇。

　　岩畫的內容除了以上介紹的之外，還有一些幾何紋樣。這些幾何紋樣有曲線、直線、螺旋線、直角圖形和同心圓等等。對稱產生美，藝術品的特徵之一便是「對稱」。這些幾何紋樣一般都是對稱的，因而顯得和諧、悅目。

　　奇怪的是，各種紋樣以不同的方式結合在一起，產生各種新的紋樣。土著們認為這是「夢授」的圖案，說他們在夢裡看到了這樣的紋樣。直到現在，土著們仍然堅持這種說法，他們把自己的畫稱為「夢想」（Dreamings），而把以前的土著生活（白人進入澳洲前）稱為『夢幻時代』。讓我們想像一下，當一個人離開人群，單獨坐在河邊或靠著大樹站著，他放鬆心情，盡情想像，一幅幅畫展現在他的面前。這對現代都市人而言，真的近乎是個「夢」了。

---

❷　「丘林葛」是澳大利亞土著舉行儀式時用的一種圖騰聖物。

❸　《中部澳洲的北方土著部族》，第二六七頁。

簡‧布洛克在《原始藝術哲學》中談到原始藝術作品的風格特徵。他認為，其特徵之一就是被稱為構圖之「外形」的準則：「這一特徵受到外形上靜態、刻板的平面對稱性的援助。除了考慮這些部分的正確數目和一般結構上的安排之外，很少顧及選擇一個最能表達特殊的行動，以顯示思想、情緒或姿勢的安排。」❹然而，土著們的岩畫從來沒有給人以靜態、刻板的感覺，岩畫上不管是動物還是人，都具有誇張的形態，給人的感覺是液態的，在流動的。

如果說岩畫在各大洲幾乎都能找到，並不稀奇，那麼樹皮畫就可算作澳大利亞的一大特色了。澳洲土著用桉樹的樹皮作為紙，顏料則不外乎我們以上介紹的那幾種。畫的內容和土著的生活緊密相連，有狩獵、捕魚、戰鬥、歌舞、祭祀和嫁娶等，還有許多土著的神話傳說。

在昂海姆蘭得中部發現的一幅名為「加利茵迪的黑頭蟒與蝙蝠」的畫講述了這樣一個故事：九月鮮花盛開的季節，蝙蝠們被一些樹盛開的鮮花所吸引。當它們停下來歇息時，它們的糞便落在地上，散發著氣味，如同它們吃下的鮮花氣味那麼香。黑頭蟒在附近悄悄等著，準備吃那些掉落下來的老弱病蝙蝠。很明顯，這是土著們用畫在講述一個神話故事。類似的還有巨蛇諾威蘭將一個老是哭鬧的壞孩子的頭咬掉了。孩子的母親試圖阻攔，卻失敗了。

塔斯馬尼亞人也有樹皮畫。人類學家在他們的墳墓中發現了有花紋的樹皮，圖案很像是當地土著紋在前臂上的花紋。後來還發現畫有十分粗糙的人形和四邊形的樹皮。他們也會直接把圖畫畫在樹幹上，內容有自然界的太陽和月亮，也有生活中

---

❹ 《原始藝術哲學》第 85 頁。上海人民出版社。

的人乘小船。

　　岩畫和樹皮畫有一個共同的特色，就是舉世聞名的「X 光畫面」。土著們好像長了具有光的透視眼，可以看到動物或人體內的東西。有一幅樹皮畫，畫的是一條鱷魚，我們能夠清楚地看到鱷魚的骨頭，彷彿它是透明的一般。北領地卡卡杜國有公園裡的土著壁畫中畫著一個土著，頭很小，雙眼大得不成比例，細長的身子、細長的手，有的手臂骨和脊柱骨清晰可見。還有一幅壁畫畫的是一個女性精靈像，她的體形好像一隻青蛙，肚子很大，裡面清楚地畫著一男一女一對雙胞胎。

　　何以會有 X 光畫出現？我們只能這麼猜想：也許土著們太想畫出動物的全部，以至於他們幾乎忽略了皮膚的存在；也許這是他們「講故事」的方法，就像要說清「懷孕」的事實，光把肚子畫得大還不夠，還要畫上肚子裡的孩子。

　　可是，不管做何解釋，X 光畫的直接和明瞭，都讓我們覺得土著的可愛。這裡沒有欲蓋彌彰，也沒有矯揉造作，有的是土著眼裡的世界，就好像孩子眼裡的世界，一切都明明白白，又帶著疑問。

少得可憐的衣服，多得多的裝飾品

　　俗話說：「人靠衣裝，佛靠金裝。」在這個媒體力量日益強大的社會中，人們越來越注重外表的包裝。通常人們總是以對手的穿戴和言談舉止做出自己的第一判斷。所以，穿什麼款式、什麼品牌的衣服已成為現代人日常生活中十分關心的問題。美國人競選總統，候選人在電視上向全國選民亮相時，更是注意服裝的問題。它是組成個人形象的一個重要因素，稍微

忽略，就可能「一招損，滿盤輸」。

　　現代文明人的觀念是反對裸體的，儘管曾有人提倡裸體生活，認為這可以幫助人們貼近自然和質樸，還有人宣揚要裸體參加市長競選。可那畢竟是極少數的，絕大部分現代人以裸體暴露於大眾面前為恥。但是，初期的人類並不這樣認為，他們相信妖術的力量正藏在衣服中。既然衣服不是什麼好東西，那為何還要穿衣服？

　　說法有很多，比較合理的一種是「保護說」。人類的祖先從四肢爬行進化到用兩腿走路；生殖器的位置從身體的末端（一個比較安全的位置）移到了中部，男性需要將它保護起來。澳洲土著穿的衣服並非用來禦寒，而是保護生殖器的。這種纏腰布（或被稱作細腰帶）恐怕算得上是最簡單的衣服了。我們知道，澳洲土著中，男人和女人明確分工。男人負責狩獵。赤身裸體，穿梭於樹木叢林中或是捕獵動物，很容易受傷，所以，遮蔽自身最易受傷的部位使得男人穿上了衣服。美拉尼西亞男人有一塊類似的「遮羞布」，它是一塊處在萌芽狀態的腰衣。「遮羞布」是用來遮住性器官的，可是，通常情況下，由於全身只有這個部位有裝飾（由於美拉尼西亞人生活在熱帶氣候，很多地區的土著，不論男女，都是全裸的），反而顯得更令人注目了。澳洲土著女人的採集工作危險相對上小得多，她們幾乎是全裸的，並不認為這是件難為情的事。

　　那麼，怎樣禦寒呢？有些部落的土著用動物的毛皮縫成斗篷披在身上，也會用它給嬰兒取暖；有的部落，土著把油脂抹在全身上下，晚上睡覺時什麼也不蓋，以地當床，以天作被，只在身旁燒一堆火。雖然如此，醒來時身上仍是一層霜。

　　可以說，火是早期人類最好的朋友之一，有了它，人類結束了茹毛飲血的歷史，也在嚴寒中感受到溫暖。這對於我們的

祖先而言，意義實在不小。直到現在，澳大利亞仍有一些土著部落一遇到寒冷的氣候，便蹲在火堆前取暖。

當白人進入土著的生活之後，情況發生了變化。土著開始漸漸接受白人的一些生活習慣，其中就包括穿起了衣服。於是，澳洲土著的 T 恤來到了大城市，並進入高級購物中心。T恤是白人的衣服，土著在上面畫上自己設計的奇特花樣，繪畫主題大多是動物、植物、太陽和人，用的是點彩法，接近印象派。色彩是自然界中最樸素的，顯示出原始的輝煌和雄壯，也顯示出土著對天地、對自然的熱愛與崇拜。現在，這些帶有土著文化色彩的衣服成了澳大利亞的時尚，穿上這樣的衣服，就表明他是理解澳大利亞文化的。

與少得可憐的衣服形成鮮明對比的是多得多的裝飾品。

古埃及高貴的女性中流傳著一句座右銘：「如果穿著和其他女人同樣的服裝一起走路，不如索性脫光了好。」這充分表達了女性愛美的願望，希望吸引別人的注意力。因平此，流於平庸和一般是絕不允許的。澳洲土著之所以穿很少的衣服或不穿衣服，卻要佩戴種類繁多、數量龐大的裝飾品，正是由於這個原因。

在希望吸引別人注意的部位佩戴裝飾品，對別人的視覺形成刺激，使其目光較長時間地停留在該部位上，這就是土著最初的想法。當然，「視覺刺激」是現代人的說法。

我們不妨從「頭」說起。澳大利亞土著對髮形不太講究，一般都用石頭將頭髮割得短短的。也許是因為短髮有利於日常工作。以現代人的經驗，女人們似乎更愛在自己的頭髮上動腦筋，花功夫，以使自己變得更漂亮。這是因為女人比男人更愛美的緣故。其實，美是一種奢侈的需求，在人們尚無能力確保生活安穩之時，在人們尚無空餘時間幹覓食之外的事時，一切

都是為了最基本的生活。就像澳洲土著，如果他們不把頭髮割短，那麼披散的頭髮必定會影響他們在樹林裡奔跑，追逐獵物。好比日本在戰國時代，女性一律垂髮，後來因為垂下的頭髮妨礙了地位低下的婦女參加工作，才有了在勞動時將頭髮束於腦後的風俗。

澳洲土著用羽毛、貝殼、植物纖維等做成頭巾帶，套在頭上。它們有的是裝飾品，有的也被用來產生巫術的作用。土著擅長用羽毛、絨毛裝扮自己，他們用鮮血或其它有牯性的東西把絨毛粘在頭髮上。絨毛的顏色各種各樣，以白色和紅色最多。他們也做一些髮型。但這只在舉行一些宗教儀式時才有，平時一切歸於簡單。

脖子是可以大做文章的部位。有些非洲部落以長而細的脖子為美，因而女孩們從小就要帶上很重的項圈，等到成長期過去，女孩們就有了畸形的「美」脖子。澳洲土著一般用項圈裝飾脖子。用來製作項圈的材料有小貝殼、豆粒、繩子等，有的做成瓔珞，有的做成圈環，還有的做成穗帶。

手臂和腳踝上也少不了裝飾品。土著用植物纖維搓成繩子，然後將繩子繞個圈兒，便成了一個鐲子。還有用藤條編成的，或是植物纖維繞藤條編成的鐲子，它們粗細不同，顏色差別不大。

以上這些都是臨時性的裝飾。紋身則可算是永久的裝飾了。愛美（當然，也包括宗教上的一些原因）使得人們願意忍受傷痛，有的甚至是永久致殘。比如中國古代裹小腳的風俗，腳骨成長變形，行動不便，可當時的人們卻認為這是婀娜多姿，儀態萬千。

紋身的習俗起源很早，四千年前埃及的木乃伊乾屍為我們提供了證據。在中國，史料記載，三千年前的商代已有刺墨之

刑。以此推斷，紋身的起源應該更早。也有人認為，六千多年前，半陶盆上的人面魚紋即為紋身的表現。幾乎各個民族早期都有紋身的習俗。比如，非洲大陸上，人們在臉上刻下橫向刀疤或五角星、三角形、公雞、蝎子等圖案。他們認為，這些既是美的標誌又能避邪，而且還是勇敢的象徵。

美拉尼西亞人在身體上割劃出疤痕作為裝飾的情形也非常普遍。在新不列顛島西部和馬勒庫拉島南部甚至有損傷頭蓋骨的情況。當然，這屬於比較稀少的情況。不同的部位，不同形式的傷害，有不同的含義。

澳洲土著顯然並不懼怕利器切割皮膚的巨大傷痛。在前面介紹的成丁禮中，我們已經了解，青年男子只有承受住成年男子施予的各種「刑罰」，才能算真正成人。其中就包括在身上刻下各種紋樣。所以，很多男人身上的紋樣多是成丁禮時留下的。在其它一些宗教儀式上，如迫使袋鼠繁殖的儀式，男人弄破靜脈，滴下鮮血之後，也會留下傷疤。這些都是永久性的。這些傷疤既顯示了土著對圖騰的信仰，又表明了他們的勇敢和無所畏懼，是男性力量的代表。白人進入澳大利亞以後，曾經試圖禁止土著們紋身，青年們幾乎鬧暴動。他們說：「這樣一來，姑娘們就不愛我們了。」

人體各種的部位當中，除了眼睛和被頭髮覆蓋的頭部不能紋上圖案，其它任何部位都可以。在嘴唇、眼瞼、鼻子等部位紋圖案時，很容易引起皮膚發炎；而大面積地紋不僅需要的時間長，危險性更大，紋身者經常會因此丟命。然而，真是愛美之心擋不住，土著們從來沒有放棄過紋身，而且他們在長時間的探索過程中找到了一些對策，在大自然中發現了許多治療炎症的好藥。

女人們紋身多是為了吸引男人的注意。她們在背部、胸部

和手臂上刻下各種紋樣，有的只是一條條橫線或豎線。人們相信，紋了圖樣的背部最美，哪怕紋樣十分簡單。

　　良好的自然條件也賜予了土著們展示紋身圖案的機會，因為他們平時幾乎是赤身裸體的，紋上圖案後，不會擔心被衣服遮蓋住。

　　人們總結出這樣一條規律：膚色白哲的民族傾向於在皮膚上繪飾彩紋‧，黑皮膚的民族則很少在皮膚上畫彩紋，選擇在皮膚上留下疤痕。這在大洋洲的各個民族中得到了驗證：黑皮膚的澳大利亞土著和美拉尼西亞土著用傷疤顯示美麗，白皮膚的波利尼西亞人和密克羅尼西亞人則不太傾向於這種殘忍的打扮方式。

　　澳大利亞土著居民還經常把面具作為裝飾品。裝飾品實際上和他們的圖騰世界緊密地聯繫在一起。他們用動物的頭骨、樹皮或泥土製作面具，面具的表情各不相同，有的恐怖，有的詭祕，還有的天真。他們在圖騰儀式、狩獵、巫術和葬禮的過程中會帶上面具，以賦予自己進入另一個世界的能力。這時，他們的心靈彷彿被一種虛幻、並不實際存在的靈魂所占領，也由此進入一種具有神性的迷狂狀態。面具是具有神聖性的東西，人們不能輕易接觸它。有些代表死人之靈魂的面具上不自然的特徵，是土著在製作時故意為之，用來表示靈魂世界和現實世界是不同的。靈魂的鼻子比人的長，耳朵非常大，眼窩裡空洞而沒有眼珠子。土著們把面具看成是人與圖騰這兩個世界的溝通工具，戴上面具，土著們就可以盡情和大自然各種神祕的力量結合在一起。

　　理查德‧道金斯（Richard Dawkings）有一段話說：「喬叟（Gooffrey Chawcer）不能和一個現代英國人進行交談，儘管他們之間有大約二十代英國人把他們連結在一起，其中每代

人都能和其上一代或下一代的人交談，就像兒子同父親說話一樣，能夠彼此了解。」時間像過濾器一樣，古人的許多東西，現代人已經看不到了。儘管我們在澳大利亞土著文化 T 恤展覽上還能看到土著受白人影響而穿上的衣服，可白人踏上澳洲以前，土著的紋身習俗和幾乎裸體的習俗在現代土著身上已見不到了。

澳洲土著雖然思維簡單，可是，他們向大自然展示勇氣、信心，以及全力表現自身美麗的行動，著實非常可愛，就像孩子們敢於以明亮的眼睛正視這個世界的黑暗。

講個故事給你聽

孩子們最愛聽故事。老爺爺講的故事裡有好人和壞人，有孩子們未曾經歷過的許多新鮮東西，永遠充滿著誘惑力。

原始居民土著、中間也流傳著許多神奇的故事，講述的是他們不曾見到的很久很久以前發生的事。現在我們把這些故事稱作「神話」。神話，在英語裡是「myth」，它源於希臘文中的「mythos」。「mythos」的意思是「想像的故事」。人們憑著想像，描述遠古時代自己所生活的這片土地上發生的各種事情，並由此編出一串串故事以滿足好奇心，從而就有了我們現在稱之為「神話」的東西。

L・斯彭斯（L・Spence）在他的作品《神話學緒論》（An Introduction to mythology）一書中把神話分為二十一種：創造神話、人類起源神話、洪水神話、報答神話、懲罰神話、太陽神話、月亮神話、英雄神話、野獸神話、習俗或祭禮的解釋神話，到陰曹地府歷險的神話、神的誕生神話、火的神話、

星辰神話、死亡神話、向死者供祭食物的神話、禁忌神話、化身神話、善惡兩元論神話、生活用具起源的神話和靈魂神話。

幾乎世界上各個國家、各個民族的神話都會涉及到其中的一些內容，澳大利亞土著的神話就涉及了其中的大部分。

創世神話和關於人類起源的神話，一直是所有神話當中最重要的一個組成部分，顯示出人類對於探求生命起源的強烈好奇心。

在各個民族的創世神話中，洪水都扮演了一個重要的角色。如中國的《淮南子·覽冥訓》中寫道：「往古之時，四極廢，九州裂，天不兼覆，地不周載，火濫炎而不滅，水浩洋而不息，猛獸食顓民，鷙鳥攫老弱。」芮逸夫的《苗族的洪水故事與伏羲女媧的傳說》中記錄了二十多個洪水故事，它們的中心母題總是洪水來時，只有伏羲和女媧兄妹倆得救，他們結為夫妻，成為人類的祖先。❺澳洲土著的創世神話也不例外。神話中說，在遠古時代，地球上住著專司黑暗、風暴和邪惡的一群年老的神。雖然太陽給世間帶來光明和溫暖，但夜間卻寒冷萬分。大洪水來了，把整個地球淹沒，包括陸地上最高的桉樹。年老的眾神大多被淹死，剩下的被旋風捲上天空，變成了星星。其中大神龐德吉爾在天上成了宇宙之王。洪水退去之後，大神的兒子貝沃蘭德和女兒卡拉羅克回到人間，成為人類的始祖。從此，人類開始了日復一日的狩獵生活。

我們清楚地看到，在關於宇宙的開端這個問題上，人類沒有起任何作用，此時他們尚未成形，更不用說有什麼「自我意識」。這種開端的推動力是不知來自何方的神祕力量。比如突如其來，淹沒一切的大洪水。原始人眼裡的洪水擁有無比強大

---

❺ 聞一多《神話與詩》，第6頁。

的力量，這絲毫不奇怪。在生產力水平極度低下的原始社會，人們赤手空拳和洪水搏鬥，幾乎輸得一敗塗地，便自然而然將洪水想像為創世的神奇力量。

至於人類的起源，我們在前面已經了解到主神拜阿米用泥土捏成人形，創造人類祖先的神話。這種「泥土情結」廣泛地存在於各個民族的神話中，顯示出人類與土地先天上親密無間的關係。人們生活在這片土地上，不管它富有還是貧瘠，都靠它養育。澳洲土著神話中還有一個創造人類祖先的神，人們稱他大神龐德吉爾。龐德吉爾花了一番心思創造人類。他先用石斧將兩張樹皮砍成人形，又取來一大塊粗土，按照樹皮的樣子塑成人形。他圍著這兩個人形跳起舞來，還朝他們的嘴、鼻孔和肚臍吹氣，使他們可以呼吸。最後，兩個名為貝魯克伯恩和庫金貝魯克的人活了起來，成了澳洲土著的祖先。這個神話裡，人也是用泥土做成的，而且似乎更加精緻，事先有了模型，讓我們聯想到太乙真人用藕節擺成人形，一揮，重新賦予了哪吒生命。

澳洲土著相信天上生活著各種神靈，雖然在他們心中，天上的神靈不及古希臘人心中的神靈那麼多，可也大致長幼有序，分工明確。其中，最重要的是主神拜阿米。拜阿米是天上諸神的首領，他主管著天上和人間的一切。創造了人類的祖先之後，他還親自參加青年男子的成丁禮，指導他們如何擔負起成人的重任，如何學習各種生活的技能，如何向部落中的年長者學習智慧，如何了解自然界中的風、氣和水的奧祕。他關心人們的生活，給予他們很多恩賜。有一個神話故事說，主神賜予人類甜美的樹膠，保護他們躲過一場嚴重的旱災。

一般而言，原始居民對於創造人類的神總是用盡讚美之辭：他具有高尚的品格、超人的能力和善良的心腸。大神龐德

吉爾也是如此。當他看到他創造的人類肆意追殺、殘害動物，違反了當初創造動物是為了讓他們和人類共享大自然的願望時，十分憤怒。他刮起狂風，教訓人類，使得他們學會小心謹慎，不敢再胡作非為。有趣的是，主神（或大神）並不因其至高無上而被塑造為完美無缺，原始土著認為他們的性格也有弱點（這體現了原始土著的觀念，即不存在至善至美的黃金時代）。主神拜阿米就被認為是個自私的神。他和兒子一起捕到一條巨大的鱈魚。兒子生了火，拜阿米把兩塊鱈魚肉放在火上烤。烤好了，拜阿米吃完自己的一份，將兒子的那份也搶過來吃了。兒子十分憤怒，向父親抗議。父親非但不知悔改，還對兒子怒聲斥罵。兒子終於忍受不了，發出「我要讓你變成石頭！」的詛咒，並且離開了他。從此，他再也見不到兒子，而且身體的一大半變成了石頭。在這個故事裡，主神拜阿米更像是個人，像我們平時常見到的有些自私，脾氣很大的固執的老父親，容不得兒子的丁點兒反對，儼然是個絕對權威。我們看到神界裡濃厚的家庭氛圍，這似乎與人間的情況有所對應，就像現實生活中，兒子總是既崇拜父親，最終又將背叛父親。

澳洲土著在神話故事中表現的只是他們想像中的神，猜測的神，而非神本身。正如黑格爾說的：「從來沒有人清楚地知道，也決沒有人會知道神靈的，我說，以及關於宇宙的事。因為，即使有人幸而能夠說出那最完滿的東西，他自己也並不會知道；因為『意見』沾染了一切。」[6]

這些神也可能是傳說中土著們有所作為的祖先，他們常常把太陽、烏雲等自然現象作為祖先的人名。這種命名方式使得自然現象被賦予了人的性格，而神就和自然結合在一起了。在

---

[6]　《哲學史講演錄》第 1 卷，第二六〇頁。

漫長的流傳過程中，傳說逐漸神化，最終成為土著們口中傳遞的神話。你在神話當中已經分不清什麼是人類的，什麼是自然的，它們都已經成為土著們向你訴說的心靈故事。

除了主神、大神，土著神話中有太陽女神伊希、月亮男神巴赫魯、胎兒的保護神（男性或女性）瓦拉古德吉爾旺、雷雨神帕卡德林加、雨季女神托米圖卡和閃電女神布麥拉里等等。他們各自都有許多故事。其中尤以太陽女神伊希最為重要。太陽是原始人極其崇拜的，如古埃及王被稱作「活著的太陽」（The living sun），著名的索爾茲伯里平原（Salisbury Plain）的圓形巨石圈也是太陽崇拜的遺跡。

為什麼太陽在原始人心中占據了高於一切的地位？這可能與太陽向人類貢獻了光和熱有關。這兩個條件是人類生存無法缺少的。原始人面對黑夜和寒冷，一定感到強烈的恐懼和擔憂；他們知道，只有太陽可以幫助他們，太陽的出現意味著光明和溫暖。澳洲土著神話中的太陽女神擁有強大的威力。在一個神話故事裡，她躲在一座平靜的山谷，把每天晚上出遊的月亮抓住，用燧石刀切去一片。日子一天天過去，原來圓圓的月亮漸漸地越變越細，而那些被砍下的碎片就成為天上的星星。伊希還樂意幫助動物們，賜予它們各自喜歡的容貌。

我們發現，像大神龐德吉爾、太陽女神伊希，不僅關心並幫助人類的生活，同時也十分關注動物的情況。這也許不僅神如此，更重要的是人類的態度。我們知道，澳洲原始土著認為動物與人一樣擁有靈魂，他們把自己擁有的各種能力擴展到動物身上。總的說來，他們與動物的關係是良好的，是朋友式的。因此，在神話裡，他們也要求神靈們將他們和動物平等對待，使動物們也得到神靈的關懷。

我們發現，澳大利亞土著的神話中存在著明顯的重複和互

相矛盾的地方。其實這並不奇怪。因為我們考察澳洲土著的來源時已經知道，他們是在很早以前，從其他文明地區來到澳洲大陸，所以，他們當中流傳的神話很可能是從其他地方帶到澳大利亞的，經過漫長的年代以後，神話逐漸被加上了各個時代、各個地區的特色，也難免發生互相交錯的情況。

澳洲土著的圖騰觀念相當發達，與之相對應，他們也擁有相當數量的圖騰神話。神話涉及各種各樣的圖騰：袋鼠、琴鳥、青蛙、白鸚、鯊魚、鴯鶓、烏龜、負鼠、蜥蜴、蒼鷺、蝙蝠、鱷魚、蜜蜂等許多種。在故事裡，圖騰動物除了生活習性和形體形狀與人類不同，其它的幾乎完全相同。它們也有家庭，也會吵架，愛慕虛榮，喜歡耍些小聰明。有個以袋鼠為圖騰的部落中流傳著這樣一個神話故事：袋鼠和考拉（無尾熊）面臨著渴死的危險。考拉垂頭喪氣地坐著等死。袋鼠打氣說，應該去遠方找水喝。於是，他們結伴遠行，在一塊估計會有水的地方挖起了坑。考拉總是說著喪氣話，能偷懶就偷懶。袋鼠卻始終很認真，直到挖出水來。他高興地跑去告訴正在裝睡的考拉。考拉突然坐起，猛地把袋鼠推倒在地，搶先跑到水坑邊，喝起水來，絲毫不顧付出辛勞的袋鼠。袋鼠終於看透了考拉的自私自利，舉起石刀，連根砍斷了考拉的尾巴。像這樣的圖騰故事在部落裡被一代代傳了下去，人們在成丁禮的儀式上把神話故事告訴下一代，使他們了解自己的圖騰。這幾乎成為部落傳統中的一部分。

土著們對自己的圖騰十分崇敬，可圖騰神話中的圖騰物卻並非總是與人為善的。例如，很多部落把彩虹蛇當作部落圖騰，彩虹蛇卻經常在圖騰神話中扮演作惡的角色。可是，因為彩虹和雨的關係密切，如果沒有彩虹，天就不會下雨，地面會裂開，人也會死去，所以在神話裡，儘管土著們常常會起來反

抗，彩虹蛇卻還是受到人們歡迎。

　　我們從有些圖騰神話中明顯可以看出澳洲土著們希望瞭解自然界的各種現象。比如有一篇神話講述了烏龜殼的來歷：龜部落的瓦雅巴不喜歡部落為他挑選的妻子，看中了附近烏拉部落的一個女子。於是，有一次，他偷偷地把她劫持到樹林裡，並和她成了夫妻。當他們回到龜部落，人們都非常害怕，他們相信烏拉部落的人一定會來報仇。果然，第二天，烏拉部落的武士們氣勢洶洶地趕來了。他們把標槍投向瓦雅巴。沒想到瓦雅巴的前胸和後背都捆上了盾牌，標槍並不能打傷他。瓦雅巴得意洋洋的神情激怒了那些武士，他們蜂擁而上，將他團團圍住，用拳頭打他的頭部和四肢。正當瓦雅巴無處可逃時，剛好有個洞口出現在他腳下，他立刻鑽了進去，潛入河中。烏拉武士將那個女人帶走之後，有一隻滑稽可笑的動物從河裡爬了出來，身上覆蓋著一層硬殼，頭和四肢可以向外伸展。原來它就是瓦雅巴變成的。以後無論它走到哪裡都身披盔甲，防範敵人的進攻。從這個故事，我們不僅知道土著們是如何猜測烏龜殼的來歷的，還能看到存在於原始社會中的搶婚風俗，並且可以肯定這個故事已經流傳了很久，因為搶婚風俗的歷史非常久遠，在歐洲學者進入澳大利亞進行調查時已經很少見了。

　　澳大利亞土著的神話和他們生存的環境密切相關，許多澳洲著名的「景觀」都出現在他們的神話中。比如在中部，世界上最大的整塊岩石結構的山峰「艾爾斯岩」。「艾爾斯岩」在土著語中念為「烏魯魯」「uluru」，是「彩虹蛇」的意思。它能在不同的條件下變成黃色、灰色和紅色（一九八七年已被列為世界遺產。澳洲政府已正式公佈 2019 年 10 月 26 日起禁止人們攀登），東北部海岸世界上最著名的長達一二〇〇多公里的珊瑚礁──「大堡礁」，南部巴斯海峽岸邊凱旋門式的小

島「倫敦橋」，還有中西部沙漠中許多形如鬼怪的石柱。其中，光是關於「彩虹蛇」的故事就有很多。有一個神話是這樣說的：「彩虹弧形的身軀彎到一池水邊，看到一個正在採百合根的女子，便熱烈地愛上她。正當他的身軀越變越大，想露出水面時，那個女子大叫一聲，轉頭就跑。彩虹魚躍出水面，鑽到女子身下，把她馱起來。他馱著她飛了很久，終於精疲力盡，栽到地上，變成一塊岩石。這塊岩石越變越大，最後變成一座高大的山峰，也就是「艾爾斯岩」。

澳大利亞土著部落中還流傳著許多與宗教信仰和宗教儀式無關的童話故事，這些故事從內容上說，和圖騰神話沒有多大差別，但它們在本質上是有差別的。首先，土著們堅定地相信神話，而童話的真實性卻無關緊要；其次，神話必須對沒有經過成丁禮的男孩和婦女們保密，而童話則人所共知，講述童話的大多數是婦女；第三，神話和圖騰儀式、儀式聖地聯繫在一起，童話則僅供人們消遣，並不在乎講述的場合。

有一點必須記住：神話是澳大利亞土著為了解釋各種自然現象和生活習俗而創造出來的故事，這些故事回答的是他們看來是問題的問題，而不是我們看來不是問題的問題。神話表現出土著們強烈的求知欲。

羅伯特・F・墨菲說：「神話是世代傳諭而成的，並無自覺的作者，但它表達了一個民族的某些希望和焦慮，恰如夢是個人的幻想一樣，兩者都是以社會允許的方式表達壓抑於潛意識心靈中的東西，都是以符號或比喻的形式復甦過去的形式。」[7]

從以上的創世神話、人類起源神話和主神神話中，我們多

---

[7] 《文化與社會學引論》第 73 頁。

少可以隱約看見神的身上有著人的影子，以及人類探尋大自然之奧祕的種種努力。在我們眼前浮現出這樣一幅畫面：正在陷阱邊等待獵物自投羅網的土著獵人坐在樹邊，背靠大樹，仰頭望著天空，想像著天空上曾經發生和正在發生的故事。這種想像使得狩獵工作不再顯得枯燥又難熬。正是這千百個土著原始人的豐富想像，造就了世代相傳的神話故事。

Chapter 6
生活的奧祕

執著的奔跑

　　澳洲土著面對大自然和自己所身處的群體中的其他成員，也許大自然給予土著的困惑更多一些。大自然中的許多變化對土著來說，是那麼陌生，他們不了解身處的環境，雖然經過了世世代代，他們慢慢地看出了一些門道，可以對各種現象做出還算能自圓其說的解釋。就在這世代相傳中，有一樣東西一直沒變，那就是「執著」。有時候，我們也許會覺得他們執著得近乎於「傻」（看了下面的介紹，你十有八九會這麼想）。但正是這種「傻」，讓我們發現了土著的可愛。

　　袋鼠，是澳大利亞的象徵，也是土著們最主要的捕獵對象之一。它在英語裡被稱作「kangaroo」。這個名字的由來，也許你已很熟悉了。當初，庫克船長登上澳洲大陸，看到了一種奇怪的動物。它很高大，兩條後腿堅強有力，兩條前腿縮得很短，腹部前面有個袋子，可以裝上自己的孩子。庫克船長從沒在家鄉見過樣的動物，就指著它，問旁邊的一個土著。土著回

答：「Kangaroo.」船長以為那就是這種動物的名字。可是，他弄錯了。這位土著回答的話，在當地的語言裡是指「不知道」的意思。儘管兩個人說的不是一回事，但「Kangaroo」的叫法，從此就傳開了。

袋鼠的奔跑速度非常快。常聽說澳洲平原上有袋鼠和汽車賽跑的事，可見它不僅有百米衝刺的速度，還有萬米長跑的耐力。這給土著的狩獵工作帶來了麻煩。

土著的奔跑速度無論如何是比不上袋鼠的，即使是部落裡最強悍、最善於跑的人。可這沒有防礙土著們用賽跑的方式抓住一隻袋鼠。袋鼠在前面跑，獵人在後面追。袋鼠一蹦就是好遠，不一會兒便把獵人拋開了長長的距離。跑著跑著，袋鼠覺得累了，回頭張望，不見獵人追來，就放心地停下來歇會兒。沒想到，它歇息的時候，獵人可沒打盹，漸漸地又趕了上來。袋鼠發現獵人已經靠近，就又向前跑。在這樣你追我趕中，天慢慢黑了。獵人停了下來，點了一堆火，坐在火堆邊休息，一直等到天亮。當晨曦初露，獵人又上路了，繼續追趕昨天的目標。終於，袋鼠受不了，跑不動了。就在它精疲力盡，無計可施的時候，成了獵人的獵物。

在整個狩獵過程中，我們發現，土著的目標始終如一，就是那隻袋鼠。他不會因為途中遇到其它獵物，就放棄了抓住那隻袋鼠的念頭。堅持，堅持，直到目標到手為止。土著的辦法也始終如一地奔跑。雖然他們也會採用布置陷阱的辦法吸引袋鼠自投羅網，而且這個辦法似乎更為省事、方便。但只要他決定用賽跑和袋鼠決個高低，並且最終將它置於死地，那麼哪怕再累，他都會堅持到底。

上面這種捕捉袋鼠的方法通常是單個土著打獵時運用的。土著們也常常集體行動，長途跋涉去打獵，每次行動都要耗費

大約兩、三個星期。這也是對土著居民意志力的考驗。獵人們發現袋鼠群喜歡在下雨以後，或是山火（即森林火災）以後，到新鮮的嫩草地上吃草，所以他們分成幾個隊伍，沿著不同的路線，朝預先偵察好的目標地點趕去，在那裡等候袋鼠群的到來。這種捕獵方法可以一次性捕得比較多的獵物，顯示出集體的力量，但對土著們則是個非常艱鉅的考驗，因為在打獵的過程中，他們面臨了缺少食物和休息的困難。

食火雞和袋鼠一樣，是澳大利亞著名的動物。它是一種不會飛的鳥，跑起來速度非常快，而且樣子很好玩，頭部直直地向前探去，彷彿想看清前方的東西。食火雞在養育後代方面表現出的執著一點兒都不亞於當地的土著居民。當一對食火雞生下鳥卵，食火雞夫婦倆決定讓地洞孵卵巢，保持恆溫。為此，它們把腐爛的樹葉堆在一起，以提高溫度；又用夜晚會變冷的濕沙降低溫度。不說它們還要尋找食物，單是這項工作就夠它們受的了，夫婦倆幾乎一輩子都累得精疲力盡。

土著找水喝的過程也是執著的奔跑過程。土著知道天上的烏雲代表雨水的來臨，所以，當他們發現天邊有朵烏雲，就會撒腿朝雲的方向跑去。有一次，一個土著整整跑了三小時，最後總算發現幾個水潭，弄到了幾口水。我們會問，他喝到的幾口水足以解渴嗎？抵得上三個小時消耗掉的水分嗎？土著卻沒有這麼想。為此，白人士兵覺得很不可思議、非常奇怪。

一群土著跟著一朵烏雲跑了兩天，結果仍沒喝到水，於是他們心平氣和地挖了墳墓，也沒有抱怨，只是躺下來等死。偏偏想死沒死成，他們才躺下一會兒，就有個白人巡邏軍官帶水走過，他們就都若無其事地從墳墓裡爬出來（如同一會兒以前躺進去一樣），去找軍官討「卡帕蒂」（一杯茶）喝。

我們禁不住會笑，笑土著們進出墳墓的坦然和隨便，也笑

土著們的「甘願認命」和「隨機應變」。可是，執著的奔跑卻仍然讓人欽佩，即使其中有那樣一些「傻」。然而，我們仍想知道，究竟是什麼支持著土著們？他們的動力在哪裡？要想找到答案，恐怕還得從他們的信仰下手。

澳大利亞土著中流傳著這樣一個關於野狗和野貓的故事：有一天，野狗和野貓在一棵樹下乘涼。他們各自瞧不起對方。野狗說自己有力氣。野貓說自己會爬樹。正分不出上下的時候，野貓說：力氣大並不重要，重要的是能死而復生，這樣的人什麼都不怕。野狗不相信地說：靈魂上天後就再也不會活過來了。野貓為了說服野狗，就把頭枕在一根木頭上，讓野狗砍。野狗砍下野貓的頭以後，幸災樂禍地走了。沒想到，三天以後，野狗真的聽到野貓的說話聲。他嚇得魂飛膽喪。野貓在空中砍下野狗的頭，在地上挖了個洞埋起來。土著們相信他們的祖先埋葬死者的方法是跟野貓學來的。野貓還給人類帶來了靈魂再生的希望。野狗最終只能在貧瘠乾旱的平原上捕獵食物，因為他不相信死而復生。所以，土著們吸取了野狗的教訓，他們堅信生命是永遠的，世界上的一切都是永恆的。如果真是這樣，還有什麼理由不好好過呢？還有什麼理由不熱愛生活呢？

執著是土著們生命中的一部分，也是土著歷史中的一部分。在後面，我們將看到二十紀九〇年代，原始土著的後代怎樣繼承了祖先的傳統，開始自己的漫漫途程。

吃的學問

民以食為天。澳洲土著男女分工，男人捕獵食物，女人採

集果實，各自為群體提供了動物類食物和植物類食物。說起吃來，土著們的吃法自然不能和現代人相比。在我們眼裡，儘管他們的各種吃法也算豐富，可也許只算得上是「野趣」，是現代人吃厭了大餐之後，才願意去嘗一嘗的新鮮。

澳大利亞土著不知「煮」為何物，所以，他們通常是把捕獲的獵物烤熟了吃。當然，並不像一些城市人在休假日趕到城市邊緣去燒烤那麼簡單，只是把食物放在火上烤熟為止。土著不僅把食物（魚或肉）放在火上，還放在熾熱的灰燼裡或沙子中烤熟。動物的皮並不剝下來，而是連著一塊兒烤。這樣可以保持水分，使食物入口的感覺不至於硬而老。這是一種不用動腦筋的辦法。

還有一種可以稱作「內熟法」。土著們把動物的腹部剖開，取出內臟，再把烤熟的石頭扔進去。這樣，從內到外，整個都熟了。內臟可以另外烤著吃。

土著們有一種更為講究的烤法：在地上挖個坑，點上火。坑裡熱了以後，把熾熱的石頭或沙子扔進去，再把食物放下去。然後先蓋一層新鮮的樹葉，再蓋上一層泥土，如此烤上兩個小時，美味可口的食物就可以吃了。聞一聞，還有一股樹葉的清香呢。

酒肉不分家，可土著人似乎沒有美酒助興，只有一些簡單的飲料，最常見的是甜水。他們把蜂蜜溶化在水裡，特別是當蜂蜜被弄髒而不能直接吃時。這樣，水就有了甜味。除了蜂蜜，有些樹幹裡擠出的汁液或其它昆蟲分泌的液體也能溶在水裡，還可以把生蜜汁的植物的花兌在水裡，製出甜甜的飲料。

當然，大部分時間，土著們只是喝水。澳洲大陸的中部草原和其它一些沙漠中，水是最珍貴的東西，好多歐洲人在探險途中，都是因缺水而命喪他鄉。土著在這塊土地上生活了很

久，起先，他們一定也曾被它「欺負」過，可漸漸地，他們對它的「脾氣」、「性格」熟悉起來，後來幾乎是瞭如指掌。他們知道哪些縫隙裡有水，哪些縫隙很深，底部積著水，就像是「井」；他們也知道在哪些空空的樹洞中可以找到積存的雨水；他們還知道哪些植物的根裡頭有著豐富的水分（用長矛刺一下，就看得出），可以用芒葦吮吸。遇到實在缺水救命，就像傑克‧倫敦筆下與狼搏鬥，最終吮吸狼血而活下來的那個漢子。這不由得讓人讚嘆人類生存的意志力是多麼頑強，生命的韌性是如此之強大。

我們已經知道，土著通常捕獲的動物不多，因此，大部分時間，婦女們採集來的食物成了主食。這些食物主要分成兩類：可直接食用的，和需加工後方可食用的。前者包括一些當地植物的果子、根和塊莖，比如「李樹」、「棗樹」、「櫻桃樹」的果子（這些樹的名字之所以打上引號，是因為它們並不是我們平常看見的，叫作李樹、棗樹、櫻桃樹的那些東西。）

其中多數屬於後者，需要加工。同是加工，也有程度上的分別。最簡單的是一些小蝸牛、小昆蟲，只要把它們扔進灰燼裡烤熟就能吃了。複雜的是穀物。婦女們先脫粒，然後把穀粒放在碾穀器裡。碾穀器由兩塊石頭組成，上面一塊小而圓，下面一塊大且扁。等穀粒被碾碎，她們就把它揉成麵糰，做成一張張餅，放在熾熱的灰燼裡烤熟。塊莖也是這樣。土著們把塊莖放在兩塊石頭中間碾碎，做成餅吃。如果碰上有毒的塊莖，他們就把它泡在水裡，泡上很長一段時間後再烤，也要反覆幾次。如此這樣，毒性就被去掉了。

總的說來，澳洲土著在吃的方面已有了自己的一套辦法，是在長期的生活實踐中得到的。可是，他們基本上仍屬於狩獵採集社會，與農業社會的平均水平還差了一段距離。

抓鴯鶓・爬桉樹・製石器

土著男人的社會角色主要是獵人，負責捕殺各種肉食動物。前面我們已經介紹了他們抓袋鼠的辦法，現在讓我們看看他們是怎樣捕獲鴯鶓的。

鴯鶓（eme）是澳洲大陸上常見的一種大鳥，它的翅膀已經退化，兩條腿很長，體形非常大，就好像非洲鴕鳥一般。鴯鶓的嘴又短又扁，羽毛是褐色的；腳上長著三個趾，走起來（似乎應該說跑起來）速度快得驚人，並不亞於馬。可是，這樣一個大傢伙卻著實有些傻乎乎，跑起來不知道打彎，直到撞上了柵欄或其它什麼東西，才猛地「省悟」，換個方向繼續跑。

土著們埋伏在森林裡的一個地方，在地上放了一件惹人注意的東西，估計鴯鶓能看得見，然後退到一邊，靜候獵物到來。果然，傻乎乎的鴯鶓來了，滿懷著好奇心，想跑過來看個究竟，不曾想就掉進了圈套。一等它跑到適當的位置，土著便用矛將它擊倒。這時，它即使長著飛毛腿，也是「英雄無用武之地」了。

獵人們通常還會這樣做：把一隻死去的鴯鶓的頭插在一根木棍上，然後手拿木棍，摹仿鴯鶓的動作。我們發現，土著的肢體語言能力很強，就像他們摹仿袋鼠一樣，他們摹仿鴯鶓的動作也是維妙維肖，以至於鴯鶓真的上了當。它湊了上來，想看看自己的伙伴是否想和它一塊兒玩耍。土著乘機拿出木棒，一棒子將它敲死在地。

在整個捕捉鴯鶓的過程中，我們清楚地看到，土著們不僅手很靈巧，而且已經具備了敏銳的觀察能力，捕捉到了它們最大的弱點，所以抓鴯鶓才能如此輕而易舉。

在爬桉樹這件事上，土著們表現出極好的身體柔韌性和協調性，手和腳配合得十分完美。桉樹是澳大利亞土生土長的一種常綠植物，樹幹又高又直，一般都顯得粗而壯。如果桉樹表面有凸有凹，哪怕並不很明顯，土著們也能利用。他們的手可以伸進凹處或抓住凸處，腳可以以此為支點。如果樹皮光滑，沒有可抓可踩的地方，土著們就左手緊抱樹幹，右手用石斧砍出一道道斧痕，雙腳踩著斧痕，不一會兒就爬到樹頂。有時候會碰到特別粗壯的桉樹，一個人伸出兩手都抱不過來，土著就用藤條做個環套住樹幹，然後緊緊地繫在身上。藤條的韌性很強，土著可以藉以爬上樹去。

爬桉樹不是為了好玩兒或捉迷藏，而是日常生活的一個必要部分。因為，他們在桉樹上可以取到鳥蛋、蜂蜜，還能抓到鼯（一種袋貂）。假如你看見澳洲土著爬樹的照片，不必驚奇於他們爬樹如履平地般自如。在爬樹的技能上，澳洲土著似乎天生佔有優勢。

土著男人除了充當獵人之外，還負責製造工具。他們利用的原料多種多樣，包括石頭、樹皮、木頭、獸骨、植物纖維等。製成的工具種類也不少，如長矛、棍棒、飛鏢、線網、絞索、叉子等；還有就是各式石器。

澳洲的石器時代大約可以分為早、中、晚三期。

早期一般是砍砸器，它們在洞穴遺址的底層被人們發掘出來。這類砍砸器是土著在礫石的一邊或多邊打片修整而成，幾乎存在於整個石器時代，一直到十九世紀，人們仍在使用。

中期始於公元前三○○○年，石器的製作技術有明顯提高。土著們使用的「皮爾利」（Pirri）就是一個典型的代表。「皮爾利」屬於尖狀器，薄而寬，邊緣在石片上修打得十分鋒

利，作工頗為細緻。土著們可能把「皮爾利」作為矛頭使用，因為直到近代，他們仍沒有弓箭之類的遠程武器。這時，土著們開始把一些小形石器鑲嵌在木柄上，以增加器具的長度。

石器時代晚期是十八世紀中期以後，白人進入澳洲大陸，土著被迫離開家園，遷移到內陸地區。他們繼續使用磨刃石斧。石斧並不是一開始就打製得很精巧，起初他們只是打一個石斧的雛形，在使用過程中，慢慢完善。土著們用安裝了木柄的磨刃石斧砍伐樹木。直到二十世紀四○年代，這種石斧仍在使用。

順帶要說的是，這個時期，土著們製作木器的技巧也已十分高明了。石斧的木柄只是「小菜一碟」。他們剝下桉樹樹皮，製作成簡單的獨木舟；用石片在木材上挖出平行的溝槽，截取適當形狀的一段，用來製作器皿或工具。

從製作工具到捕獲獵物，澳洲土著雙手的靈巧展現無遺。雖然他們只是石器時代的人，不懂得利用金屬（即使種種金屬就藏在他們身邊）製出更為先進的工具，可是他們在能力所及的範圍內為我們展示了豐富多采的生活技能，著實值得現代人稱道。

自我保護

澳洲原始土著居民的生活環境算不上非常惡劣。澳洲大陸上沒有非洲大陸上那麼多兇猛的動物，從其它陸地上帶來的狗在野生狀態下生長，變得有些野性，在有些地區對人形成了威脅，但這並未給土著居民的生活帶來很大的不便。

可俗話說：「人吃五穀雜糧，哪有不生病的？」況且，土

著居民的各種吃、住條件都很簡單，難免有個頭疼腦熱的。於是，他們在日常生活中找到了各種各樣的竅門，用於自我保護（白人感到非常奇怪，土著中怎麼會很少有人患近視和色盲，而且他們不用牙膏，也不生蛀牙）。許多時候，他們也許並沒有意識到自己採用的辦法何以會發生作用，只是發現這些辦法對自己很有好處，於是就代代相傳地做下去，形成了傳統，有的甚至一直保持到現在。

其中一項是嚼檳榔。歐洲人發現，在澳洲，有些地方的土著居民人人都在嘴裡嚼著檳榔（betel chewing）。不論是幹活兒還是休息，他們的嘴總停不下來，就像現在有些人瘋狂地喜歡嚼口香糖，如要他停下來，他就無法精神集中地做其它事，彷彿缺少了什麼。這樣不停地嚼檳榔使得土著們的牙齒變得紅紅黑黑的。土著們並不明白嚼檳榔對他們究竟有什麼好處，只是覺得不錯。倒是歐洲人起了好奇心，一些大學的寄生物學家通過實驗證明：經常嚼檳榔的人比不嚼檳榔的人腸內的寄生物少，所以嚼檳榔的確是個對人的身體健康有好處的活動。原來，澳洲土著正無意識地自我保護呢。

除了嚼檳榔，土著居民還喜歡咀嚼豬籠草。豬籠草是一種植物的葉子，它的外形和菸葉十分相似。嚼豬籠草並不是單嚼它的葉子。土著居民在每年三月，正逢雨季時，把豬籠草的莖和根採來，放在陽光下曬乾或是在篝火上烤乾，用石頭碾碎後，和樹木燒成的灰摻合在一起，再用一張豬籠草的葉子包一些灰，捲成雪茄菸的樣子，這樣就可以咀嚼了。土著居民有時單獨一個嚼豬籠草，有時一群人聚在一塊兒一起嚼，它似乎成了一種「社交」的媒介。他們在一塊兒嚼豬籠草時，可以互相交流信息，表達對方的友好情意，似乎與中國人藉著喝茶、法國人藉著喝咖啡互相聊天、互致問候有些相像。當然，與其

「社交」媒介的功用相比，它的醫藥功用可能更為重要一些。土著居民常把豬籠草的葉子貼在傷口上，因為他們覺得這樣做，傷口的疼痛減輕了許多。他們並不知道這是因為葉子裡分泌出一種麻醉性的物質，與菸草裡的尼古丁很相似。由於豬籠草的這兩種重要的功能，它被澳洲土著視為一種很珍貴的東西，定會好好珍惜。

狩獵採集的生活使土著居民經常容易受傷，比如骨折、脫臼，割破皮膚等。土著治療骨折已經很有一套了。他們用樹皮做繃帶，用木板做夾板繃紮，使骨頭恢復到原先的位置。只是由於狩獵生活的需要，往往繃紮的時間不夠長，他們就必須拆掉繃帶，因為又必須為了生活去捕獵，綁著繃帶可是什麼都幹不成的。這就常常使得傷口還沒痊癒，就又投入「戰鬥」，多少對骨形的恢復產生影響。

脫臼對土著居民而言不是件難對付的事，他們有對付骨折的經驗，所以，只要稍一用力，脫臼的骨頭就恢復到原先的位置。皮膚上的傷口更是不在話下。我們已在成丁禮那一節了解到，青年男子如要通過成丁禮這一關，必須經歷各種考驗，其中重要的一項就是肌膚的傷害，為此他們身上留下了各種疤痕。如果土著不懂得受傷後的保護，那些受傷流血的地方就可能要了他們的命。他們在流血的創傷處敷上膠泥、蛇脂或是其它動物的脂肪、鳥糞、一些樹脂、無花果屬植物的乳汁，有時還用人尿、人乳治療創傷。另外，他們還用木炭、灰蜘蛛網、鬣蜥蜴的脂肪作止血劑，用軟木樹皮包紮傷口。

澳洲原始土著已經懂得讓感冒病人發汗是有好處的。所以，在澳洲東南部，土著居民在地上挖一個土坑，把燒得很熱的石塊扔進去，在石塊上鋪一些潮濕的樹枝和樹葉，又在土坑上面用樹枝桿蓋一個頂棚，再讓包裹好的病人平躺在土坑裡

面。這樣過了幾個小時，病人出一身汗，感冒就好了一大半。

　　皮膚病是最難治的。澳洲土著發現膠泥和紅赭石有效，就把它們塗在患處，再把某些樹皮浸在水裡，一段時間後，把這種水塗在同一個地方。過一段時間，就可以用尿液把它們洗掉。土著已經知道，尿液具有消毒功用。

　　澳洲原始土著雖然有各種自我保護的手段，但他們似乎更願意在遇到危險或傷害時求助於巫師和巫醫（英國人把他們叫作「native doctors」）。巫醫在給人們治病時，也會用那些真正有效的醫療手段，如我們在前面已經提過的。可是，他們真正擅長的是利用催眠術和欺騙術相結合的治療方法。巫醫認為人之所以得病，是因為他的體內被「致害的巫術」放入了病因，只要把病因取出來，病就治好了。所以，巫醫讓病人躺在地上，裝模作樣地撫摸，吸吮病人的傷口或痛處，而且不停地從嘴裡吐出小塊的石頭、骨頭和木頭。這些就是害人得病的病根子。其實，巫醫老早把它們含在嘴裡了，治病過程只是一個表演的過程罷了。他們的催眠術倒是貨真價實的——巫醫用雙眼逼視病人，使病人處於一種迷迷糊糊的狀態。

　　如果從頭到尾都是騙人的，那病人的病好不了，巫醫最終還是要破產的。顯然，巫醫不會那麼傻，他們可是靠此生活的。所以他們在接受病人時，首先會確定這種病是否本來已經可以好了。如果是，就接受；如果是不治之症，巫醫是絕不會接手的。所以，巫醫的「法力」屢試不爽，逐漸使周圍的人更相信他的超自然能力。

　　與美拉尼西亞、波利尼西亞的情況不同，澳大利亞大陸上少有非常「驚險」的外科手術，即使是在腹部做的小手術也被學者以缺少證據為由否定了。美拉尼西亞和波利尼西亞由於部落之間戰爭頻繁，促使了他們外科手術的水平迅速發展。現代

醫學視為難事的穿顱手術，在當地土著手中猶如囊中取物一般。他們用鯊魚牙或貝殼做成的手術刀切開病人的頭皮，從中取出碎骨，然後用一張樹葉把刀口蓋上就算完事了。手術過程中，不用任何麻醉藥品、消毒品，可是效果還真不錯，病人很快就能恢復健康。

自我保護的各種手段都是澳洲原始土著在日常生活中逐漸發現，總結出來的，它們使土著居民在變幻多端的大自然面前活得更自信，更安全。

到處「流浪」

澳洲原始土著居民狩獵—採集的生活方式決定了他們必須不斷遷徙，到處「流浪」，尋找一塊食物豐富，相對上比較安全的地方。小時候曾經看過印度電影《大篷車》，流浪的藝人們隨著大篷車遊遍各地，把歌聲灑在到過的地方。吉普賽人是全世界最著名的流浪民族，他們整天快樂地喝著酒，從不在一個地方長時間居住。他們給人算命，據說特別靈驗。他們從不擔心沒有一個固定的家，流浪包含著所有的快樂。可我們也看過許多貧窮落魄的流浪漢，只能鑽進街頭的水泥管或靠在別人的屋簷下蜷縮著過一夜，有些人可能就在第二天黎明死去，路人卻根本叫不出他的名字。你可別把澳大利亞土著居民想像成如此悲慘的流浪漢，他們有「大篷車」的歌聲，也有吉普賽人的快樂。土著們成群結隊地離開一個住處，向另一個住處前進。到達目的地後，他們依靠團隊的力量建造房屋——雖然很簡單，有的還只能算是個遮掩物。

最早的時候，原始土著只會利用天然的遮蔽處所。他們常

爬進大樹的樹穴裡過夜，既可以避雨，又可以防風。其實，諸如山洞、岩穴，也是可以暫時藏身的地方，可土著們卻不敢待在裡頭。他們認為惡魔住在這裡，撞上了可不是鬧著玩的。這些都是迷信的恐懼。受它的影響，如果一個土著藏身於岩洞中，他的腦中會產生各種恐怖的念頭，眼前也似乎出現了惡魔的形象，他待不了一會兒就會逃出來。

後來，土著們學會了用現成的材料搭造遮蔽物。他們在地上打兩個木樁，再橫著綁一根橫樑，在橫樑上斜著架一張大樹皮。人們躲在它的邊上，再點上篝火，就不會覺得寒冷了。這種遮蔽物一般是夜間用的。白天，土著們通常用樹皮、樹葉搭個棚，人躲在棚下面，就不怕毒熱的日頭了。

再後來，就有了原始的茅屋。《澳大利亞和大洋洲各族人民》一書中，有一段關於這種原始茅屋的介紹：「埃爾湖部落的這種茅屋的典型結構是這樣的：用掘土棒把兩根大而彎曲的樹枝相距三‧五米插在地上，上端繫在一起；再把一根這樣的樹枝與這兩根成直角插在地上；在這三根竿子上再搭上一些樹枝，排成滿滿一圈，就形成了半球形的茅屋基架。基架上蓋滿了草葉、樹葉、樹枝，有時是用沙和粗土。它們逐漸變成了一張硬皮。在樹木茂盛的地區，茅屋是用樹皮蓋上的。茅屋的樣式大多是半球形的，少數是圓錐形或長的雙斜面。」❶

在澳洲北部，我們還能看到二層樓的房屋。這種房屋很少見，也很有趣。土著們先在地上打四根木樁，將一張木板搭在木樁上，木板上鋪著樹皮，上面又用樹皮造了一層樓。為什麼要造二層樓的房屋呢？因為土著們在雨季時經常受到大水的侵擾，有了二層樓，他們便可以在雨季裡住到二樓，還能免除蚊

❶　《澳大利亞和大洋洲各族人民》第一七九頁。

蟲的騷擾。還有人認為，這種二層樓的房屋能使土著居民逃避動物的突襲。當然，這種情況非常少。澳洲的動物大多時候是溫和的。所以，避雨可能是這種房屋最主要的功用。

與這種二層樓的房屋十分相似的是在美拉尼西亞發現的一種「樹居」，也就是建在樹上的房子。建有房子的樹通常都非常高，大約會達到四十多米。人們把從樹的底端到中間這一段的樹枝都砍掉，只剩下光而直的樹幹。房屋就建在樹的上半段。當地土著運用的辦法和澳大利亞土著很相似。他們先以大樹為中心搭一個平台，在這個基礎上再做地板。做地板的材料是竹子。土著的手藝很好，編的竹子緊密而光滑。為了更有效地避風，他們在竹子下面還鋪了一層軟樹皮。屋子的四壁也是竹子做的，但與地板的作法不同。鋪地板用的是劈開的竹子；四壁的竹子則是完整的，許多根緊緊綁在一起做成的。為了保證房頂有一定的重量，不被風吹走，人們在上面蓋了很多椰子樹的葉子。這樣一間房屋大約有五十平方米，可以一次容納四十個人，而且屋子裡還能生火。像這樣的房屋，就成了土著們避難的好場所。

在昆士蘭北部，外來人看到了非常大而複雜的房屋。人們把一些竿子環成圓形或橢圓形插在地上，將竿子底端紮在一起，上面蓋上幾層不透水的棕櫚葉或樹皮。這樣，一個近似於半球形的屋子就造好了。人們給屋子開了一個門，寒冷時就在門上遮塊樹皮，好像我們用的門簾。這樣的房屋一般非常大，可以容納三十個人。每家每戶都有自己的一塊活動天地，互不干擾。屋子的正中央是公共用地，放的是長時間用火的公共爐灶。這種相對複雜的房屋可以住上幾年，但土著們總是住不上很長時間又得搬走。沒關係，下次再到這裡（尤其是寒冷的季節），仍然可以住。

這種半球形的房屋在愛斯基摩人那裡也出現過，只是房子的材料和建造方法都不一樣。愛斯基摩人生活在北極嚴寒的氣候條件下，他們的世界是冰雪世界，到處是白茫茫的一片，所以他們可以用來造房子的材料只有冰雪，就像童話裡雪人給自己造的房子。愛斯基摩人造房子時，像我們一樣，也要用一塊塊磚。磚當然是雪做的。先把散著的雪緊緊地壓在一起，直到變成一大塊堅硬的雪塊，再用刀把這一大塊雪切成小塊。接著把它們堆砌起來。這裡頭是很有講究的：雪塊是螺旋形向上堆砌的，並要向裡傾斜。其實，這些磚頭之所以能向裡傾斜，關鍵在於做磚頭的時候，他們有意地把磚頭切成一定的傾斜度，這樣堆砌起來就省事多了。一圈一圈向上堆，最後一塊是最關鍵的，將它放好以後，整個屋子就成了密封的了。

據說，這種半球形的房屋阻擋大風時，可使風降低到最低限度，而且易於保溫。看來，儘管愛斯基摩人和澳大利亞土著相距遙遠，分別處在地球的兩個半球，但他們的文明又有相通的地方。人類各民族在許多地方表現出驚人的相同或相似，有時候真是讓人覺得不可思議。

澳大利亞中部的半沙漠地區草葉很少，人們不能用它們作為造房屋的主要材料（草葉是很好的降溫材料，一層厚厚的草葉可以反射陽光）。於是，土著們搭起堅固的木架，把石板蓋在木架上。當然，石板和石板之間必須塗上牯土。這樣就搭起了石屋。這比用樹皮、草葉搭建的屋子更牢固。

「流浪」生活決定了澳大利亞土著不可能在一個居住地停留過長的時間，所以土著們通常不會花上很多時間把房屋造得非常美觀。如果你到他們的宿營地，會發現宿營地一般都由窩棚和簡陋的遮蔽物組成，樣子很不好看。但是，我們應該可以理解土著的處境，也能夠理解他們「實用第一」的原則。對原

始人類來說，生存比一切都重要。

這樣的情況同樣存在於其他靠狩獵或採集為生的民族，如維達人、波須曼人、巴塔哥尼亞人、愛斯基摩人和托亞拉人。

澳大利亞土著也有相對穩定的時候，在大自然重現春光，萬物復蘇之時，樹林裡、小河邊、大地上，到處都是可供採集的食物，土著們盡可以慢慢享受自然賜予的一切。他們在這時舉行部落裡重要的集會和各種儀式、宴會。有時候，甚至相鄰的幾個部落會聚在一起舉行各種活動，在澳洲大陸空曠的大地上形成了頗為壯觀的景象。

到處「流浪」的澳洲土著居民，其「流浪」路徑其實是非常明確的，因為各個部落都有自己控制的地域，部落之間不允許互相侵犯。所以，如果甲部落遷徙到了乙部落的領地，哪怕是無意的，也是不允許的。因此，當一個部落的人打算遷徙到另一個地方時，他們的首領會在行動的前一天晚上把這件事通知部落裡的每個人，並且確定第二天傍晚將要布置新營地的準確地點。

「流浪」途中，一切都井井有條。男人們隨身帶著武器，沿途打獵，並把獵物帶到新的住地，供大家傍晚時食用。女人們帶上部落的所有財產，各種零零碎碎的東西，包括火種和飲水，還有部落未來的希望——嬰兒，沿途採集植物的果實。到了新的住地，男人們烤獵物，女人們布置營地，準備食物。也許他們就此停下，要在這裡過上一段時間；也許第二天一早他們還要上路，朝另一個地方前進。

在陸地上「流浪」，土著們沒有任何工具可以借用，也沒有馬、驢等動物可利用，一切都靠兩隻腳。住在湖泊邊或河流邊的部落則可用船筏作為交通工具。最簡單的船筏就是一根再普通不過的木頭，土著們坐在上面，用手和腳划動。這可算是

最簡單的漂流工具了。他們把幾根木頭綁在一起，這樣人坐上去能更舒服些，還能用竿子或長矛撐著使它運行。或者，在單根木頭上挖一個洞，人坐在洞裡，手拿平衡桿。學者們公認，平衡桿是澳大利亞土著們學來的。至於是向誰學的，則有分歧的意見。有的說是從美拉尼西亞島居民那兒學來的；有的說是印度尼西亞水手帶來的；還有的說是巴布亞人的影響。總之，船筏幫助土著們在較深的河流上和較大的湖泊上捕魚。

澳大利亞土著已經會做比較高級的船筏了。一般而言，人們從樹上剝下一張橢圓形的樹皮，把它拿到火上烤成需要的樣子，然後在邊上折一些褶皺，再把它們縫起來或紮起來，在船舷中間嵌一根橫木，船就算做好了。這樣的船，長度大約在4～6米之間，可以坐 8～10 個人。如果用兩、三張樹皮或更多的樹皮，船就會做得更大。

出於生活需要的「流浪」是自願的，而受驅逐的「流浪」則是被迫的了。白人進入澳洲大陸之後，許多土著被趕出他們原先居住的地方，放逐到中部一些自然條件惡劣的地區。起初，他們在那裡只要面對自然條件的困難，但到了後來，白人也開始進入中部地區，土著們則真正開始了悲慘的「流浪」生活，居無定所。而且，由於土著人數迅速減少，他們越來越難成群結隊地活動，常是三、五個人出沒於荒漠中。在這種情況下，「流浪」生活不再像以前那樣有保障，有安全感，真的是朝不保夕。

農業社會要求定居的生活方式，這種方式又使人類的文明成果得以比較安全、穩定地傳襲下去，形成積累，得以保存。澳洲土著狩獵—採集的生產方式要求的「流浪」生活方式則使文明的成果不易保存，在很大程度上影響了他們文明的發展。

外交禮節

澳大利亞土著的生存離不開群體，單個人的生活面臨著很大的危險，隨時都有死亡的可能。部落是土著基本的集體生存單位，多數情況下，個人的生老病死、婚姻等重大問題都在部落內解決。這並不意味著部落和部落之間沒有往來。事實上，各個部落雖然都擁有一塊自己的領地，彼此互不侵犯，但友好的往來是存在的。對一個部落來說，它和相鄰部落之間發生的聯繫，如進行簡單的物品交換、締結婚約、邀請對方參加本部落舉行的成丁禮等等，都可算是土著的「外交行為」。

和現代外交一樣，原始土著的外交活動必須遵循一定的外交禮節。或者應該說，是現代人的外交方式繼承了前人的特點。如果破壞了外交禮節，那麼那一次外交活動一定會以失敗告終。正所謂：「沒有規矩，不成方圓。」

在澳洲土著中，最常見的外交方式是派遣使者，也就是「外交官」。並不是每個人都可以充當部落的「外交官」，他必須具有「神聖」的身分。這種「神聖」並非來自天授，而是後來有意培養的。此話怎講？

部落派出使者「出訪」相鄰的部落，使者首先必須精通對方的語言，至少是熟練到能掌握。所以，部落長老會「早有預謀」地安排本部落的某個男子與對方的某個婦女通婚，將那個婦女娶過門來，以後就可以派她「出訪」她的「娘家部落」。這就輕易地解決了語言問題。而且，她從小在對方部落中長大，對其中的風俗習慣和人員情況十分熟悉，訪問中不會遇到因不了解情況而導致誤會或紛爭的禍端。部落長老並不擔心這個婦女在「出訪」過程中有任何偏袒「娘家」的行動，因為一旦結了婚，這個婦女的一切都屬於丈夫的部落，如果她有任何

不忠於丈夫（即不忠於丈夫的部落）的行為，就會受到整個部落的懲罰，而她的「娘家部落」是不會支持她的。

長老們也會在自己的部落裡挑選男孩作為使者的「培養對象」，把他送到對方的部落生活，直到成年後才准許他回來。在對方部落裡，男孩接受了各種教育，了解那些人是怎樣處理部落的內部事務，怎樣安排婚喪嫁娶的儀式，怎樣教育子女。這種了解不是浮光掠影的、表面的，而是細緻而深刻的。而且，他在那些人當中結識了一些好朋友或熟人，這些人是他以後開展「外交活動」的資源。一旦他成年後回到自己的部落，他就幾乎成了不可替代的使者，因為沒有人比他更合適於這項既需知己又需知彼的活動了。

如果有人認為進入父系社會之後，女性的地位必然一落千丈，性別歧視十分明顯，那麼，在「外交活動」上，他會看到，這種性別歧視竟然可以轉變為「外交優勢」。在很多部落間發生緊急事態時，婦女往往比男人更頂用。因為，如果兩個部落發生戰鬥，男子們一般是不會傷害婦女的。他們認為，婦女和他們不是一個層次的競爭對手。所以，婦女常常被寬恕。這也就是部落長老往往更願意派遣婦女充當使者的原因。而且，在兩個部落發生矛盾甚至互相拚殺時，往往「婦女出馬，一個頂兩個」，婦女的勸說可以使雙方原來的沖天怒火慢慢減弱，直到最後和好如初。

那麼，使者如何讓對方部落知道自己的身分呢？通常的作法是——使者會手拿一根「使節杖」。其實，它只是一根小木棍，上面刻有特殊的記號，不同的記號象徵著不同的「外交任務」。這些記號並沒有被固定下來，形成制度，只是一種假設。如果使者對它不加以解釋，對方部落的人是不會明白的。這根「使節杖」表明了使者友好的態度，也表示使者擁有全

權，可代表其所在的部落。

土著使者沒有隨身攜帶的「文書」，他們要傳遞的信息也不是用嘴說出的，所有要讓對方知道的都明白地顯示在使者身上。中國傳統社會中，家庭成員死了以後，親屬們要披麻戴孝，以示悲痛和哀悼，白色被認為是不吉利、哀傷的顏色。澳洲土著也視白色為不祥之色。如果一個部落的使者全身上下塗成白色，來到另一個部落，那表明他是來通報本部落成員死亡的消息。他是個報喪者。有些部落的使者則在臉上從每個眼睛往下畫一條白線。有趣的是對方部落成員的反應。他們先是全體痛哭。雖然還不清楚死的人是誰，自己是否認識，先哭了再說。然後，等使者報出死者的名字，那些與死者無關的人就停止哭泣，死者的親屬、朋友則繼續哭。

紅赭石和部落的一些重大活動聯繫在一起。如果到來的使者身上塗著紅赭石，頭上插著用羽毛做的頭飾，就說明他代表本部落邀請對方參加節日盛典。如果使者手裡拿著一袋紅赭石，那是邀請對方參加締結和約的儀式。土著為什麼選擇紅赭石？這可能和他們古老的神話有關。這也使得許多地方都對紅赭石產生很大的需求量。南澳大利亞托倫斯湖以東的弗林德斯山西坡蘊藏著豐富的紅赭石，好些部落會派出專門的採掘隊來這裡挖掘；再通過轉手交換，這些紅赭石就漸漸傳到了北澳大利亞、昆士蘭等其它地區。

有了這些外部標誌，就使得使者「出訪」相鄰部落的活動一開始幾乎是在沉默中進行的。使者到達對方部落的營地，不許說一句話，靜靜地坐下。這樣一坐便可能是一兩個小時。在這段時間裡，對方部落其實已暗地將使者的身分和到來的大致目的探看清楚。然後他們會做出判斷，這個使者是名不見經傳者還是赫赫有名的人物，他們會因此對他做出不同的迎接。對

沒什麼名氣的使者，他們顯得特別殷勤。對著名的使者，則會使出各種「刁難」手段，用各種東西扔他，手裡拿著嚇唬人的武器。當然，這些都是裝裝樣子的，「刁難」過後，他們仍會熱情地歡迎他。

這是一種很可愛的原始土著邏輯，對於弱者或那些不會傷害到本部落利益的人（按土著們的估計），他們顯得大度、慷慨而熱情；對於強者，也許會給他們帶來危險和災難的人，他們則充滿警惕和小心，輕易不會做出任何行動。這是表現在明處的提防，也是土著們不善於掩飾內心感情的表現——他們有什麼就說什麼，想什麼就做什麼。

捕魚的能手

有人把太平洋上的島民稱作「海洋和魚類世界的權威」。的確，由於自然條件的賜予，他們幾乎天天和海水相伴，食物主要來自大海。為了獲得更多更好的食物，他們練就了一身捕魚的好工夫。用來捕魚的工具各式各樣，大到漁網，小到魚鉤；豐富多樣的捕魚技巧讓來到島上的西方傳教士瞠目結舌。

和他們比起來，澳大利亞土著也許算不得是最好的捕魚者，可是，他們確實幹得很不錯。由於地理條件的原因，澳大利亞除了沿海一帶可以捕到海魚，內陸地區的住民主要是捕捉河裡或湖裡的魚。因此，他們的捕魚工具和捕魚方法都多多少少和太平洋上的島民有所不同。

澳大利亞土著可以直接用手捕捉水裡的目標。捕捉水禽時，獵人們悄悄地潛伏在水下，或是靠近水面的地方，用一張大的荷葉做掩護，慢慢地朝獵物靠近，然後突然伸出手，將它

們的腳掌往下一拉，並且立刻扭斷它們的脖子。有時候，獵人們會巧妙地把挖空了的南瓜頂在頭上做掩護，或是紮幾根草在頭上。這種掩護的方法和他們捉鸸鹋時用的方法差不多。

我們知道老鷹是以其兇狠和眼力銳利而聞名的，而土著在這一點上，絲毫不亞於老鷹。先說一段題外話，讓我們看看他們是怎樣對付老鷹的。土著獵人躲在石頭後面，伸出一隻手，手裡拿著一隻小鳥，微微搖晃，以此吸引老鷹的注意力。老鷹在空中盤旋，一旦發現獵物，就會向它猛地俯衝過來。當老鷹的爪子就要碰到小鳥時，獵人會突然伸出手，將老鷹的爪子緊緊抓住，不容它再做掙扎，將它摔死在石頭上。土著獵人捕捉鷺鷥的時候，準確和銳利的程度如同他們捕捉老鷹一樣。不管鷺鷥起先停在哪兒，獵人都是先把石頭或樹枝扔進洞裡，嚇得鷺鷥撲騰著翅膀飛了起來。它們在空中翱翔了一圈，發現沒什麼事兒，就又想慢慢飛回原處休息。而當它即將回到原處的一剎那，等待著的一雙手就會牢牢將它的腳抓住，它只能乖乖地成了獵人的囊中物。

中國古代有「涸澤而漁」的故事，澳大利亞土著們也用過這種辦法。在比較乾旱的季節，許多水塘裡的水逐漸蒸發得愈來愈少了，土著們把不多的水舀乾，然後篤定地把魚兒裝入囊中。不過，最有意思的還是男女老少一起參加的集體捕魚。捕魚者分成兩組，一組由男人和兒童組成，站在河的這邊；另一組是清一色的婦女，站在河的那邊。男人們和兒童排成一行，從這邊走到水裡，拍著水大聲叫喊著，嚇得魚兒們直往河的那邊游去。他們繼續拍打叫喊。魚兒們嚇得不敢回頭，終於在岸邊擱淺。這時婦女們趕快跑上來，把魚兒收起來。

土著們有一些非常簡單又很聰明的辦法，而且十分有趣。比如，他們會造一座「迷宮」讓魚兒們鑽。他們用石頭在河的

某個地方做一道柵欄，柵欄裡頭可是花樣豐富，許多彎彎繞繞等著魚兒去鑽，有許多是死胡同，可以說是「有去無回」。這樣的柵欄質地堅硬，可以保存很長的時間。還有些簡單的柵欄，當中開個口，用樹枝堵著或掛一張小小的網，魚兒從這裡經過，必定被纏住，不能再往前。土著隔一段時間，把柵欄從水裡提起來，把卡在裡頭的魚兒取出，再把柵欄放回原處，等著下一次的收穫。

土著獵人很懂得「廣種博收」的道理，他們用的漁網特別大，這樣一次出動就可以捕到許多魚。編漁網的材料有蘆葦和帶葉子的草。有時候，獵人們把幾十張漁網拼在一起，做成一張大漁網，由兩個男人分別拉著網的兩頭，慢慢朝河裡走去。這樣的捕魚方法根本不用動腦筋，捉住魚兒真是輕而易舉的事兒。還有一種立起來的魚網，它的道理和前面的柵欄差不多。獵人把魚網豎起來放在河裡，等他想吃魚的時候，就把魚網拉起來，上面一定掛滿了魚兒。

雖然土著之中也有像現代人一樣提著釣魚竿去捕魚的，但那只是少數，他們最偏愛的還是用長矛和魚叉捕魚。也許這樣更能顯示他們的勇猛和力量。獵人們坐在船上，有的手拿火炬，負責照亮火面，有的手拿魚叉和長矛，隨時準備朝水裡的魚兒投去。也許你會覺得奇怪，為什麼大白天要點上火炬？在有些地區，獵人們在晚上打獵，他們手拿火把照明，這也許才是合乎情理的。對於這個問題，我們不能從捕魚的實際需要考慮，而應該從土著的觀念下手。他們相信火把發出的亮光會使魚兒害怕。魚兒生活在水底，終日不見陽光，突然看到光亮，一定會迷失方向。獵人們投擲長矛或魚叉的高超技術簡直可以和他們投擲「飛去來」的絕妙工夫相媲美。當他們發現目標，慢慢地舉起長矛，稍微比劃幾下，估計方向差不多了，然後略

微停一會兒，突然用力將長矛投擲出去。只見長矛筆直地朝水中飛去，忽然頓了一下。這表明它已經命中目標，隨後便浮了起來。這時，獵人已做好「收獲」的準備了。有時候，土著獵人會在長矛的頭部再裝上一個可以脫落的帶索魚叉。這個辦法能夠擴大捕魚的範圍，而且更為兇狠。

　　土著獵人充分利用了身邊可以利用的材料。他們用動物的骨頭或撿來的貝殼作成魚鉤，還用小蝦米、小螃蟹做誘餌。最厲害的是，他們已經發現了身邊具有毒性的植物，把這些植物的葉子放在水裡，毒性漸漸在水中散發，魚兒中毒後就浮在水面上，獵人們捉起來非常方便。太平洋島嶼上的居民也有類似的毒魚法：獵人們把一種對人體危害不大的植物種子磨碎後搗成糊，放到一些海礁洞裡。那裡常常是魚群休息的地方。魚中毒後（屬於慢性中毒），行動變得遲緩，獵人們輕易就能把它們捉到手。獵人們還把有毒的草塞在小魚腹中，再把它們扔進淺水。大魚吃了這種小魚，很快就中毒浮了起來。只是我們並不知道究竟是澳大利亞土著還是太平洋的島民先找到這種用毒藥捕魚的好辦法。也許他們曾經有過交流，也許他們是在各自的捕魚經歷中發現這個竅門。不管怎樣，他們都是原始民族中捕魚的高手。

　　但是，有一點兩者卻完全不同。太平洋上的島民可以說是「職業獵人」，他們的捕獵對象幾乎包括了海裡所有的生命，如海龜、章魚、龍蝦，甚至還有兇猛的大鯊魚。獵人們坐著船在海上尋覓著鯊魚的蹤跡。一旦發現，水手們就用貝殼發出聲響，以用小魚做的魚餌將它吸引過來。當它離船越來越近時，水手們又吸引它向船邊上掛著套索的地方游。當它幾乎鑽進套索的一剎那，負責拉套索的人便狠命把套索拉緊，使鯊魚動彈不得。鯊魚怎肯罷休，拚命掙扎。水手們就用棍棒猛打鯊魚，

直到把它打死為止。

　　澳大利亞的土著獵人幾乎從不捕捉海裡的大傢伙。只要食物夠吃，他們不願意去傷害大自然裡的生命。在沿海地區，人們常常會發現沙灘上躺著死去的海豚和鯨魚，他們就把這些大海送來的食物拖回家，慢慢享用。當食物短缺時，土著們也會去捕捉兇惡的鱷魚。當然，獵人們一定是集體出動。他們把鱷魚趕到水淺的地方，向它投擲長矛。最勇敢的是，在鱷魚還生龍活虎的時候，獵人們就敢於走到水裡，向它靠近。

　　雖然澳大利亞大陸上各個地區的自然條件互不相同，但各地的獵人使用的捕魚方法基本上差不多，並沒有很大的地域差異。只是內陸地區因為氣候乾燥，大部分地區都是草原，所以，水中的獵物相對上少一些。

　　捕魚對澳大利亞土著來說，也許是謀生的第二大手段，他們更在行的還是狩獵，用「飛去來」打擊袋鼠和鴯鶓。這正與美拉尼西亞人相反。美拉尼西亞人生活的環境，陸地上幾乎沒有什麼可以供他們捕獵的，捕魚是他們唯一的食物來源。捕魚這項「副業」是澳大利亞土著生活上極好的補充，他們是在生活的磨練中成長為捕魚能手的。

交換的規則

　　勞動產品只有經過交換才具有價值，才能體現一定的生產關係。澳大利亞土著的文明程度相對而言是比較落後的，自然經濟佔了統治地位，按理說，物品交換應該也是比較落後的。然而，出乎我們意料的是，土著居民的交換行為十分發達。而且，我們可以從中看出土著文化的許多獨特之處。

英國人類學家馬林諾斯基曾經對特羅布里恩德島上神奇的「庫拉（Kula）交易圈」做過詳細的介紹。庫拉交易圈實際上是一種交易系統，交換的東西主要是一些稀有、高貴的裝飾品。當這些東西的交換完成之後，也可以適當地交換一些其它生活用品。交換必須在隆重而莊嚴的儀式中進行，其中包含了許多巫術成分。每個小島上只有少數一些人可以參與交換，他們在其他島上都有固定的交換伙伴，這種伙伴關係將保持到生命結束，且身分高貴的人有更多的交換伙伴。

「庫拉交易圈」包括了五十哩以上的海上航線，通過它，人們可以看到本來也許一輩子都見不到的東西。現代人猜測他們之所以要進行這種交換，目的並不在於想得到缺少的生活用品，關鍵是交換儀式和交換的特殊物品所包含的神聖意義，這才是當地的住民真正看重的。

和他們一樣，澳大利亞土著的交換也跳出了滿足日常生活需求的範圍，它被賦予的意義是我們很難輕易想得到的。

先讓我們看看交換的東西。像飛去來器、盾牌、長矛、貝殼、石斧、紅赭石、鷗鶘的羽毛、負鼠毛皮做的斗篷、大小木盆、麻醉劑和投矛器等都被用來交換。各個地區都有自己的「特產」：沿海的部落一般向對方提供各種魚和鰻，很受內陸居民的歡迎；南澳大利亞有最好的紅赭石；昆士蘭西北部人做的塗有彩繪的飛去來器非常有名；東北沿海的夏洛特公主灣有一種介貝類軟體動物鸚鵡螺（Nautilus），用它的珍珠貝殼能做成富有光澤的橢圓形薄片式裝飾物。

交換的地點從原先的不固定，規模比較小，發展到大規模的固定場所，有一些甚至成為全澳大利亞著名的交換地點。《澳大利亞和大洋洲各族人民》一書中寫道：「在埃爾湖地區，人們愛去的市場是科佩拉馬納地方。它位於埃爾湖以東的

巴爾庫河上，屬於狄耶里部落的地區。從遙遠的時代起，附近各部落的人們就聚集到這裡進行交換。各種交換物品從四面八方運到這裡來。」

還有些地區的習俗是在部落間舉行的盛大集會上進行交換，比如在沃托巴盧克部落一帶。有時候，某個交換地點只是一個中轉站，一件東西可能在土著手上保留不了幾天，又被帶到另一個中轉站。在這樣的交換過程中，這件東西的命運將是它的製作者想像不到的。它也許誕生於北部一位土著婦女手中，最終成為南部一個男子隨身攜帶的武器。

部落之間長期且頻繁的交換使得交換者的行走路線漸漸固定下來，尤其是一些比較長的路線對整個澳大利亞土著文化的發展都起了積極的推動作用。經過西方學者的考察，較長的行走路線至少有五條，它們有的縱貫或橫穿整個大陸，有的則連接著幾個重要的區域，中途的交換中心就好比中國古代的驛站，物品從這隻手傳到那隻手，繼續往前行進。各條路線的具體行進辦法有所不同。比如在東部地區的路線，因為要經過布里斯班河、亨特河、霍克斯貝里內平河等河流，所以基本上是沿著河流走。而著名的中央子午線，從阿納姆地到湖網地區，縱貫澳大利亞，走的就是旱路。墨累河是澳大利亞東南部的一條大河，它的支流帕魯河、沃里戈河和馬卡里河連接著許多部落，因此墨累河成為東南部主要的商道。澳大利亞的夏季乾燥而炎熱，許多河流的水都乾涸了。這時，土著們基本上是在陸路上來往，並不就此停歇。

土著們交換物品的方式多種多樣，有的十分奇怪。其實，越出澳大利亞的範圍，我們會發現整個世界上存在著更多的交換方式。早在古希臘時代，希羅多德就曾經描述過迦太基人和生活在巨人柱之外的非洲西海岸居民進行的沉默交易。許多居

住在森林中的原始人採用的也是這種沉默的交換方式。森林的主人把他們的森林「特產」——蜂蠟、樟腦、燕窩等放在靠近森林的一個地方，然後躲在安全之處靜靜地等待。他們的交換伙伴通常是農民。農民非常想要森林裡的東西，可又害怕在森林裡迷路，所以不敢輕易進入。他們正可以通過交換，獲得想要的，再處理掉自己多餘的東西。他們把自認為是等價的香蕉、小型金屬工具和便宜的布匹放在森林「特產」的對面，然後也悄悄地離開。這時，森林的主人走了出來。如果他對對方的東西滿意，就會把它們全拿走；如果不滿意，他就重新回到原地繼續等待，直到對方換上他想要的東西。最後，農民在森林的主人把物品抱走之後，也心滿意足地將他們想要的東西拿走了。

　　澳大利亞土著當中也存在這樣約沉默交易，只是形式更加奇怪。納林耶里人之間的交換是由兩個部落的特殊人物執行的，而且，他們兩人也不許互相交談。這兩個部落的代表從小就建立起一種特殊關係：這個部落的一個孩子剛出生時，孩子的父親就把他的臍帶交給另一個部落某個剛出生之男孩的父親，從此這兩個孩子不能交談，更不能互相來往和接觸。等他們長大之後，兩個部落間的交往就由他們做中間人。可是，他們雖是中間人，卻因為不能互相接觸，不能成為真正意義上的交換代表，所以，真正的交換活動仍然需要第三人幫忙。這樣的習俗真是非常奇怪——兩個男孩從一出生就無意識地互相成為對手，長大以後又終身承擔部落的使命。為什麼會出現如此奇怪的習俗呢？土著們為什麼不親自參與交換呢？

　　沉默的交換可能有許多產生的原因，其中之一是缺乏溝通的語言。顯然這不是我們要的答案。還有一種，可能就是交換的雙方因為身分的原因，無法藉著口頭談清問題，只能選擇沉

默。但這似乎也不能解釋納林耶里人的習俗。答案也許是這樣的——俗話說：「說得多，錯得多。」「沉默是金。」部落之間想維持比較良好的和平關係，最現實的辦法就是禁止來往。只要有來往，就會有矛盾，只要有矛盾，就會有紛爭，如果紛爭得不到解決或是解決的辦法不妥當，都會使紛爭演化成大規模的流血，到了那種地步，就很難收拾了。與其事後想吃後悔藥，不如早早防範。不交往是不行的，許多本部落沒有的東西必須從交換中得到。這種沉默地互派代表的交換方式既保證了交換雙方的利益，又維護了互不侵犯的部落相處原則，所以，就漸漸地保留下來。

澳大利亞土著交換物品主要是因為他們缺少某些物品。比如說，只有在昆士蘭西部才能製作做碾穀器用的大石板。大石板做好之後，從這裡向澳大利亞的各個地區傳送出去，因為需要，許多婦女甚至不遠萬里來到這裡，她們背負的重量必會讓現代人吃驚。沿海居民和內陸居民之間的交換更是出於相互的實際需要，這樣的交換可謂自然形成。

可是，還有些情況就讓人難以理解了。很多土著居民相互交換的東西並不稀缺。自己的部落已經有的東西為什麼還要和別人交換呢？雖然在澳大利亞，紅赭石比較多，但其它地方也不是沒有紅赭石；其它像飛去來器、大小木盆、動物的羽毛、長矛和腰帶等更是十分普通的東西，交換來交換去，不是很麻煩嗎？難道土著們把交換當作是調節生活的娛樂活動？

其實，這個問題牽涉到澳大利亞土著流傳已久的觀念。在土著中間流傳著許多關於各部落歷史的神話，每個部落都有自己擅長的特殊本領：有的部落做的石斧特別好，有的編織提包最在行，有的長於製作武器，還有的則是製造軟木盾牌的能手。神話中的各有所長，加上現實生活中的實際情況，使得部

落間的勞動分工自然形成，即使本部落做的飛去來器也不錯，但只要它不是土著們最拿手的，他們就會在交換時用自己最拿手的物品從擅長製作飛去來器的部落中換來飛去來器。而且，神話逐漸演變，就帶有越來越濃厚的巫術色彩，以製作某樣物品著稱的部落製作出來的該物品一定是好的，不僅質量好，還會帶有或多或少的神奇色彩。

這倒有些像現代人對名牌的迷信，穿時裝要穿名牌才有身價，看電影要看大牌明星演出的才有品味，讀小說也要讀名家寫的才跟得上潮流。這算不算迷信呢？

澳大利亞土著的交換決不是商品意義上的交換，他們完全沒有看到交換的物品背後隱藏的「價值」，所以交換不能算是他們經濟生活中的一部分。但是，交換在土著們的文化生活和社會生活中意義重大。通過交換，一個部落的習俗和物品流傳到其他部落，交換的過程就是互相融合、同化的過程；通過交換，各部落的土著們聯繫得更緊密了。

手勢語言

在一個有正常說話能力的人看來，不能發聲說話，只能用手勢表情達意是一件很痛苦的事。可是，現實生活中，我們有時候真會碰上必須用手勢語言交談的情況。第一種是借助於有聲語言仍不能明確地表達意思。外國人在中國的菜場裡買菜，也許他能說幾句洋涇濱的中文，可賣菜的老農卻聽不明白，那他就只能借助手勢，告訴對方，他究竟是想買一斤青菜還是十個蘿蔔。第二種是不允許有聲語言的存在。比如一個大型會場，主席台上一位先生正在做演講，下面的聽眾為了表示對講

演者的尊重，就應該保持安靜。如果坐在會場這一邊的一位聽眾和坐在另一邊的聽眾有話要說，可又不能起來走動，那就只能用手勢語言了，這樣彼此都能看懂對方的意思。

人類彼此之間最根本的隔絕是語言的隔絕。

《聖經·舊約》第十一章中有這樣一段話——

> 那時，天下人的口音和言語都一樣。他們往東邊遷移的時候，在示拿地遇到一片平原，就住在那裡。他們彼此商量說：「來吧！我們要做磚，把磚燒透了。」他們就拿磚當石頭，又拿石漆當灰泥。他們說：「來吧！我們要建造一座城和一座塔，塔頂通天，為要傳揚我們的名，免得我們分散在地上。」
>
> 耶和華降臨，要看看世人所建造的城和塔。
>
> 耶和華說：「看哪！他們成為一樣的人民，都說一樣的言語，如今既做起這事來，以後他們所要做的事就沒有不成功的了。我們下去，在那裡變亂他們的口音，使他們的語言彼此不通。」於是，耶和華使他們從那裡分散在全地上，他們就停工不造那城了。因為耶和華在那裡變亂天下人的言語，使眾人分散在全地上，所以那城名叫巴別（意即「變亂」）。

所以，要使人類最終能夠溝通，必須使彼此的語言具有可理解性、可交流性。

澳大利亞土著在有些場合也會使用手勢語言，這倒並不是他們的有聲語言中詞彙太少的緣故。土著的文化水平相對而言比較低，這從他們的語言上可以看出來。他們的語言還處在人類語言史上比較早期的發展階段。

澳大利亞許多部落都有自己的語言，就像中國有無數種方言一樣。不同的是，中國的許多方言之間差別很大，相鄰的兩個縣可能互相聽不懂彼此的方言。而澳大利亞各部落的語言還是非常接近的，許多詞彙的詞根基本相同，只是形式上稍有不同的變化罷了。

　　土著語言有非常豐富的詞彙，尤其是具體的，可以表達出行為和事物之詳細情況的詞很多。描述的對象大多是和他們的生活密切相關的動物。如同中國人的「結婚」這個詞還可以用「結為秦晉之好」、「喜結連理」、「洞房花燭」等代替一樣，土著們經常會用幾十種說法描述同一種動物。在阿蘭達語中，表示「蜥蜴」的詞有 9 個，表示「蛇」的詞有 28 個。但是，也許是平凡、單調的生活不能孕育出更高級的文明，土著的語言中很少有概括性的、抽象的詞，他們對於自然和本身的認識仍然是表面的、兒童式的。

　　同樣是因為簡單的生活，土著語言中缺少表示較大數目的獨立之詞。他們很少做超過 10 以上的加法。在阿蘭達語中，「2＋1」表示「3」，「2＋2」表示「4」，不存在獨立的「3」和「4」。

　　從土著的語言中我們發現，他們並不像我們想的那樣「原始」、「野蠻」。比如在澳大利亞約克角半島的很大一部分地區內，土著用兩個特殊的詞素把食物區分成「植物」和「動物」。他們在植物和植物食物的名稱前加上前綴「mai」，在動物和動物食品前面加上前綴「min」。至於其它類別的物品，他們這樣區分：「yukk」用作前綴，指一切樹木或是棍棒、木頭、木器的名稱；各種纖維和繩索的前綴是「koi」；「tukk」指蛇類；「wank」則是指繩籃。土著們對自然事物的分類法從他們的言語中充分表現了出來。這種分類法的精細和

準確常讓人類學家感嘆自己的知識面過於狹小，知之甚少。

　　有時候，現代人對澳大利亞土著語言中的某些現象不能理解。比如他們把蜂蜜和獨木舟放在同一類詞彙中。為什麼土著們會將這兩個我們看上去絲毫沒有聯繫的詞放在一起呢？原來，他們自有他們的分類法。澳大利亞金伯利地區的各個部落中，土著們這樣區分他們身邊的東西：首先把所有的東西分成可動的和不可動的，然後把能動的分成理性的和非理性的。最後，理性的東西又可以分成陽性和陰性的。在這樣的區分中，製造物這一類就既包括了蜂蜜，又包括了獨木舟，因為蜂蜜是由蜜蜂「製造」的，就像獨木舟是由人製造的一樣。

　　我們知道，不管語言發達還是落後，其中蘊涵的內容豐富還是簡單，語言本身具有天然的缺陷。雖然它的最基本功能是用作人類社會聯繫的工具，可一旦陷入運用語言的誤區，後果常常是人們意料不到的。用詞意義不準，表達思想會產生錯誤；使用詞語把從未構想過的東西表示為自己的概念，就會欺騙自己；不按規定的意義使用詞語，就會欺騙別人。人們很多時候還用語言互相傷害。遇到這種情況，我們似乎更願去選擇一種簡單、直接、明瞭的手勢語言，以省去許多麻煩。

　　下面一講我們看看澳大利亞土著的手勢語言。土著們在幾乎所有的場合下都可以使用手勢語言：兩個人相距很遠，聽不見對方的聲音時就必須打手勢；碰上其他部落的人，相互語言不通時，也必須用手勢語；成丁禮期間、婦女守寡時、圖騰儀式的某個階段更是必須保持沉默的場合，所有的交流都使用手勢語言。

　　土著們一般通過手指的不同動作和造型來表達不同的意思。有時，一個手勢表示一樣東西，而有時，一個手勢可以表示一件事情或一個命令、一個問題。下面的幾個例子是《澳大

利亞和大洋洲各族人民》一書中提到的──

水：四個手指貼著手掌，大拇指伸直並緊貼食指，手關節轉動著。

烏克納里亞（一個婚姻等級的名稱）：左手上舉，手關節在鬍子下面彎曲著，手指伸開。

人們走來，有攻擊我的意圖：大拇指和食指伸直並上舉，其餘三個手指頭微微彎曲。手向旁邊略為轉動，手關節向手腕轉動。

你是不是打到了野禽：大拇指和食指伸開，上舉，其餘三根手指貼著手掌。

對土著居民來說，運用手勢語言，更大的意義也許在於表達他們內心對神的敬畏、對死者的留戀、對圖騰祖先的崇敬和對自然界各種奇怪現象的疑問。以土著們的哀悼習俗為例，死者的葬禮上，幾乎各地都流行哭喪。整個部落的人都放開喉嚨大聲痛哭，而且哭得越響，表示悲傷得越厲害。但是，一旦葬禮結束，土著們又要受到一系列禁忌的規定，其中之一就是未亡人必須立誓不說話，這個誓言將要維持一年甚至更長的時間。土著們用沉默表示對死者的尊敬。人在悲傷之極、痛苦之極的時候往往是說不出話的，即所謂「欲哭無聲」。可是，人怎麼能一直不說話呢？在這一年時間裡，他只能使用手勢語言。這時我們就不能簡單地把手勢語言當作一種工具看待了，它更大程度上是在代替心靈說話，說的是內心深處的話。

手勢語言作為澳大利亞土著語言的一部分，並非有聲語言的補充，而具有更重要的存在價值，和飛去來器、X 光畫、發達的圖騰系統一樣，成為土著文化的組成部分。

Chapter 7
白人來了

罪犯的傳統

在第一章，我們向大家做過介紹，托勒密在大約公元一五〇年繪製地圖時，已經意識到應該有一個與歐洲大陸相對應的南方大陸，他把它命名為「未知的南方大陸」。進入十六世紀，一位法國製圖家急不可待地在地圖上畫了一塊和南極洲相連的陸地，而且在上面畫了一些駱駝、鹿、人和城堡。由此可見，人類從很早以前就希望認識地球，了解地球的全貌。並且，人類似乎也早有預感，相信儘管當時尚未看到，但總有一天將踏上那片遙遠的土地。

隨著時間的推移，白人世界希望早期揭開「未知的南方大陸斗的願望日益強烈，許多西班牙、荷蘭探險家紛紛來到澳洲附近，就在與她的距離近在咫尺的時候與她擦肩而過了。比如一六〇六年的西班牙人路易斯・巴埃斯・德托雷斯，一六四二年的荷蘭人艾貝爾・塔斯曼。前者設法穿過了澳大利亞與新幾內亞之間不到一百哩寬的海峽，卻沒想到目的地就在自己面

前；後者發現了塔斯馬尼亞和紐西蘭，只要他的航線稍做改變，他就能成為世界上第一個發現澳大利亞的人了。歷史和他們開了個不大不小的玩笑。

第一個踏上澳洲大陸的英國人不是個航海家，也不是個探險家，而是個海盜，名叫威廉‧丹皮爾。他從澳大利亞回到倫敦之後，信口開河地描繪了自己的傳奇經歷。我們現在看到的《格列佛遊記》中的一篇就是作者、喬納森‧斯威夫特根據他的「見聞」寫下的。然而，當時這個海盜並不清楚他踏上的那塊土地確切的位置。

直到一七七〇年四月，著名的庫克船長在一個巨大的海灣登陸，說它「並不像丹皮爾和其他人所描寫過的西部那樣荒涼、可憐。」他給它取名為「植物灣」（Botany），因為植物學家約瑟夫‧班克斯在這裡收集了大量的植物標本。他沿著海岸，航行了兩千哩左右，到達澳大利亞最北角，在占領島登陸後，以英王喬治三世的名義，宣布這段海岸線附近的地區為「新南威爾斯」（New South Wales）。

庫克船長是約克郡一個工人的兒子，那句有名的「一日一蘋果，醫生遠離我。」就是他說的。一七七九年，他在繼續探索太平洋途中，在夏威夷島上被當地土著殺害。此時離英國政府宣布植物灣地區為新的罪犯流放地還有七年。

從十七世紀開始，英國政府就把本國的重罪犯人流放到北美的殖民地，以保持國內社會的安定。一七八三年，美利堅合眾國成立，結束了英國政府向北美流放罪犯的歷史。由於國內罪犯問題的壓力，為了保護有產者的利益，英國政府必須重新尋找一塊殖民地安置罪犯。於是，被發現不久的澳大利亞成了最佳選擇。

一七八六年八月，正式宣布植物灣地區為新的罪犯流放地

的是內務大臣悉尼。後來，「第一艦隊」的隊長菲利普就以他的名字命名植物灣邊上的一個小港灣，並且把這個悉尼港附近的岸上地區作為實際的流放地，因為菲利普隊長認為植物灣地區土地貧瘠，又缺乏水源，而悉尼港附近則各項條件都比較令人滿意。後來的實際發展證明了菲利普隊長的精明和膽識。悉尼（雪梨）於是成為新南威爾斯的殖民中心，並發展成今天澳大利亞的第一大城市。

一七八七年五月十五日清晨，阿瑟‧菲利普上校率領的「第一艦隊」離開了朴次茅斯。就像一六二〇年九月離開英國，駛向北美的那艘「五月花號」那樣，多少感受到些許離鄉背景時的妻慘。不同的是，「五月花號」上運載的是一批清教徒，而「第一艦隊」的成員都是主流社會容不下的社會匪類「渣子」。

船隊共鑴帶了七三六名罪犯，其中男犯人五四八人，他們之中有城市小偷、扒手、店鋪竊犯、騙子、偽造印鑒與文書者、一些倫敦的棄兒、孤兒，還包括與他們的性質完全不同的政治犯，如愛爾蘭的反英分子、工人運動領袖和積極分子；女犯人一八八人，主要是妓女。這些人的罪行在我們今天看來是微不足道的，根本算不上是什麼重犯。可在當時，他們卻成了英國法律的犧牲品。

當時的英國法律很不完備，大約有兩百種罪名都可以判處死刑。其中竟然還有一種叫做「扮演埃及人」的罪名。這就使得英國的重罪犯人非常多，只要犯人同意被流放到國外，死刑就可以得到赦免。牧師在艦隊起航時跪在岸邊，祈禱上帝饒恕這些「可憐的人」，並保佑他們一路平安。

不知是靠上帝的幫助，還是罪犯們的自助，在到達他們的新家之後，罪犯們確實不屈不撓地建立起了一個居留地。他們

被迫放棄了掏別人口袋的習慣，學會了種地養活自己。他們被視為自由勞工，分派給軍官和其他移民，在極其艱苦的條件下工作。很多時候，他們得不到英國本土的一丁點兒援助，缺少工具和食物。生存的危機倒使這些在倫敦互不買帳的人團結起來，形成一個活下去而奮鬥的集體。

一七八八年十月，菲利普總督派遣「天狼星號」船到好望角補充供給品。但是，直到七個月後，仍不見它回來。這使得整個流放地面臨飢餓的危險。一七八九年十一月，從英國派出的「監護人號」運輸船又在好望角附近失事，使原先流放地的飢餓情況加劇。很多人得了營養不良症、壞血病和痢疾，還有一些人由於飢餓而偷吃食物，結果被處死刑。但儘管這樣，犯人們仍然表現出頑強的生命力，他們之中的多數人通過自己的勞動活了下來，成了自食其力的新人。

不管他們的後代做過多少努力，企圖洗刷掉祖先罪犯身分的污點，（而且事實上，由於澳大利亞為犯人的孩子提供了大量機會，使得第二代人走上勞動的正途，第二代居民的道德品質與第一代確已不可同日而語，雖然他們多是私生子，卻正直而勤勉。）可是，人們從來沒有忘記過他們是怎樣的一群人。由此他們的罪犯身分直接影響了以後澳大利亞發展的歷史。

這是一個法理上的問題，即罪犯在服完與其罪行相當的刑期後，是否應享有與正常人相同的權利？理論上，答案是肯定的。然而，在人們的觀念中，事情並不如理論上那麼簡單。似乎存在著一種觀念上的「慣性」，人的思維一旦形成定式就很難改變：犯過罪的人就是罪人，哪怕他刑滿釋放，哪怕他再也沒有做過其它惡事。還有一種「血統論」的觀點；英雄的兒子是英雄，狗熊的兒子是狗熊。其中隱藏著的東西還暗示我們：英雄的兒子有可能是狗熊，狗熊的兒子是一定不會成為英雄

的。這些觀念使得第一批來到澳大利亞的犯人成為一群特殊的人，他們是後來生活在這片土地上的男男女女的祖先，卻又沒有受到應有的尊敬，他們在澳大利亞歷史上的地位是頗為尷尬的。十九世紀的澳大利亞流傳著一首詩，詩中寫道──

> 母親的名聲讓我們把臉面丟盡，
> 她給我們的出身打上羞恥的烙印。
> 我們原本是她的骨肉，她的親生兒女，
> 如今當家做主人了，
> 我們的國家屬於我們自己。

雖然已經當家做了主人，卻為什麼對母親的身分還念念不忘呢？其中的自卑情緒實在太明顯了，不等別人來挑剔自己的祖先，自己就先挑剔起來了。「龍生龍，鳳生鳳」的血統論原來一直是很有市場的。

英國主流社會始終對澳大利亞抱著深深的敵意。在倫敦的社交圈，如果一個人說他曾去過澳大利亞，那些紳士、小姐們就會離他遠遠的，並且檢查一下自己的錢包是否丟了錢。在他們眼裡，澳大利亞是個罪犯窩，只要在那兒待過，難免會沾染到惡習。一八一九年，一位著名的悉尼法官把澳大利亞說成是「上帝懲罰亞當墮落的一個產物」。

在悉尼（雪梨），自由民和罪犯的界線十分分明。以死後埋葬為例，悉尼共有三個埋葬處，分別埋葬自由民、罪犯和被絞死的人。可英國人不管這些區別，自由民被「忽略不計」，他們對澳大利亞充滿鄙視，如同鄙視美國人一般。可笑的是，竟然也有美國人挑剔起澳大利亞人的祖先。難道他們忘了這種行為等於在挑剔自己的祖先嗎？

人們往往在談論起別人時，還能夠保持相當的清醒程度；而事情如果涉及自己，就常常會頭腦發熱。當然，很多時候是可以理解的。當一個人帶著極大的好奇心去探尋祖先的祕密，想找到自己的根時，他卻被告知自己是罪犯的後代，他的根曾經腐爛不堪，現在他坐在豪華的「奔馳」車裡，當年他的祖先卻為了喝個爛醉而偷別人的錢包，他所受到的打擊是可以想像的。

這是對人類的考驗。人類一直自詡為「有理性的高級動物」，然而，理性的光輝卻常常被愚昧和無知所遮蔽。澳大利亞人抱住「罪犯的傳統」不放就是愚昧，而美國人嘲笑別人的祖先就是無知，他們都把傳統放在不恰當的位置，置事實於不顧。如果他們的後代知道了這些所謂的歷史恩怨，一定會笑掉大牙。

麥夸里的民主原則

凡罪犯已獲釋放，就已經付清了他對社會的欠債，應該受到大家的尊重。這是澳大利亞總督拉克倫‧麥夸里在任期內確立的一條原則，而且他說到做到。

拉克倫‧麥夸里是第四任澳大利亞總督。更確切地說，是新南威爾斯總督兼駐軍司令官。他一八〇九年接受英國政府任命，一八一〇年一月一日正式上任，由此成為澳大利亞殖民史上一個值得寫上一筆的人。

歷史學家歐內斯特‧斯科特把麥夸里形容為一個「性格完全可靠，舉止彬彬有禮、仁慈而堅定的人。他有著蘇格蘭高地名門地主的自豪、希伯來族長的父親般的威嚴、諾曼貴族惟我

獨尊的自負和英國鄉紳方正不阿的人品。」這是一個非常高的評價，足以使我們在近兩百年後仍對這位當年的陸軍中校肅然起敬。

一七六二年，麥夸里出生於蘇格蘭的內赫布里底群島。他很早就進入軍隊，曾經到北美、歐洲、埃及和印度服役。多種文化的薰陶使他眼界開闊，思路敏捷，而且行事敢做敢當。這與他後來在新南威爾斯的許多作為都有很深切的關係。

在麥夸里到來之前，殖民地流放制度是這樣的：犯人們被強迫勞動。一開始，大部分犯人是為政府勞動的。男犯們從事繁重的勞動，如搬運、伐木、築路和採石。女犯們起初是為男犯縫洗衣服，打掃管房；等羊毛業發展起來，她們就進入羊毛加工廠，開始每天定時的勞動。很少犯人被指派到文武官員、自由移民等私人雇主家裡提供無償服務。英國政府之所以這樣做，是為了減輕政府的經濟負擔，又能達到監視犯人勞動的目的。一七九〇年，新南威爾斯只有二十八名這樣的指派犯。到一八七一年，已有三分之二的犯人為私人雇主服務了。

不管服刑的方式如何，犯人們都會受到非常嚴厲的管制。只要他們對監獄當局或私人雇主的命令稍有不從，在勞動中偷懶，就會受到鞭笞的刑罰。按照情節輕重，五十到一千鞭數量不等的刑罰隨時等著他們。

當然，只要犯人們認真服刑，他們也會得到一定的優待。其中最有誘惑力的是赦免制。經總督赦免的犯人分為兩類：一類是絕對赦免，犯人可以重新享有英國公民的一切權利，並且重回英國；一類是有條件赦免，犯人只享有殖民地公民的權利，在原判刑期滿之後才能回英國。能夠享有赦免的犯人數量很少，因為他們既要表現良好，又要有特殊的貢獻或才能。大多數表現比較好的犯人可以享受到免役和假釋。免役是指犯人

可以不必再為政府服役，但政府隨時能夠撤消豁免；假釋犯人在法律上仍是犯人，但他們在地方官監視下，能享受一定的自由權利，還能和自由工人一樣賺工資。

犯人一旦被釋放、獲得假釋或赦免，就能獲得政府賜予的土地。一七八九年十一月，詹姆斯·魯斯在帕拉馬塔附近接受了三十英畝的土地，辦起了新南威爾斯第一個刑釋者的私人農場，後來正式定名為「實驗農場」。

這個名字取得頗有道理，不僅顯示出殖民當局在犯人管理上正處於「實驗」階段，更顯示出統治者對於整個殖民地的管理仍然處於「實驗」階段。在許多問題上，他們只能一步一步來。

犯人們在服刑期，可以通過認真勞動，贏得政府的「尊重」，獲得寬大處理。可擺脫了犯人的身分以後，麻煩卻並沒有減少，彷彿他們臉上刻著「罪犯」二字，走到哪裡都不受歡迎，尤其受到官員和自由民的排斥。

其實，這種情況並不少見，甚至可以說非常普遍。一方面，知錯就改很難；另一方面，改正錯誤後（尤其是一般人所認為的非常嚴重的錯誤），又很難得到人們的承認。這幾乎成為各個民族、各種文化共同面臨的問題。法國影星亞蘭·德倫曾演過一個被釋放的犯人，這是他扮演的所有瀟灑的英雄角色中難得的一個窩囊形象，卻也是最富有內涵的一個角色。這個被釋放的犯人小心翼翼地想做個本分的老實人，卻沒想到命運處處和他作對。頑固的警察堅信犯人永遠是犯人，哪怕他已經出獄。於是，他無辜地被送上了斷頭台，僅僅是因為一個愚蠢的警察提供的所謂證據和陪審團對他的不信任（由於他曾是個犯人）。當一把明晃晃的鋼刀落下的時候，很多人重新做人的希望破滅了，很多人成為偏見和無知的犧牲品。可悲的是，美

好的願望在偏見和無知面前竟然沒有絲毫抵抗能力，顯得軟弱而無力。

十九世紀初，雖然像詹姆士‧魯斯那樣，在獲釋之後生活情況越來越好的人不止他一個，一些有才華又精明能幹的獲釋犯人成為當地社會有勢力的頭面人物，如西米恩‧洛德在一七九八年獲釋後，把積蓄投資於捕鯨業、捕海豹業和太平洋上的醃肉貿易，成為巨商，但這樣的情況畢竟比較少，大多數獲釋的犯人只是過著平凡的生活，除了那些重犯老毛病的人之外，其他人都應受到與正常人相同的待遇。然而，也正是在對待平常的獲釋犯人這個問題上，更能顯示出一個人品格的高下。

麥夸里政府和前幾屆政府一樣，對犯人執行免役、赦免和假釋的制度。可是，他與眾不同的地方是他更強調社會對獲釋犯人的包容、吸收和同化，也就是我們在本文的開頭提到的麥夸里的民主原則。他偶爾會邀請一些原先的罪犯參加他舉辦的宴會。雖然只是偶爾，可是，如果你想到同時期的倫敦上流社會裡充斥著「澳大利亞是個罪犯窩」的言論，相信你就可以體會到麥夸里的超人之處。

麥夸里在「唯才是舉」這方面可與三國的曹操媲美。當建築師弗朗西斯‧格林韋還是個在押犯時，麥夸里就大膽地起用他。格林韋為新南威爾斯建造了許多享有盛譽的建築物，如麥夸里燈塔、聖安魯德大教堂和門前有座塔樓的馬廄（現在是州立音樂學院）。這位格林韋憑他的工作成績，得到了正式的赦免，他的頭像今天就印在澳大利亞的五元鈔票上。

麥夸里的民主原則受到犯人們的歡迎，卻受到很多官員的反對。到了麥夸里統治的後期，竟然導致新南威爾斯政壇上出現了完全對立的兩派，鬧得不可開交。

一派叫「解放論派」（Emancipists），他們主張個人的社

會地位應根據個人的財產多寡決定，而不是家庭出身和個人經歷。他們大多是刑滿釋放者、自由移民和在澳大利亞出生的人。另一派叫「排斥派」（Exclusionists），他們竭力反對讓那些「罪犯」來搶奪他們的既得利益，希望永遠享受犯人們提供的無償勞動。

兩派鬥爭激烈，最終引起英國政府的關注，派來了調查專員。當調查結束時，「排斥論派」占了上風。驕傲的麥夸里受不了調查專員的結論，向英國政府提出辭呈。一八二二年二月他回到倫敦，直到一八二四年七月離開人世，他一直受到人們不公正的對待。直到死前，他都非常憂傷。

然而，他最終還是被歷史記住了。有兩條河是以他的名字命名的：拉克倫河與麥夸里河。還有麥夸里湖、麥夸里港和悉尼‧麥夸里大學。

民主之父

威廉‧查爾斯‧文特沃斯，這位出生於澳大利亞本土的第一代人中的佼佼者，去世之前就享有「澳大利亞民主之父」的盛名。他的存在也許意味著澳大利亞民族性在它的形成過程中被加入了一些新的東西，他對這個民族以後的發展起了深遠的影響。

文特沃斯出生在澳大利亞，由此我們可以猜到他不可能出身於名門望族。不錯，他的父親是個受了冤枉的外科大夫，在倫敦中央刑事法院被控攔路搶劫。雖然實際上並沒有被判罪，但也許是厭惡了倫敦的生活，他自願為「第一艦隊」的遠行效勞，來到了澳大利亞。父親灑脫豪爽的性格遺傳給了兒子，文

特沃斯年輕時曾登上高山探險。而且，他並不在乎自己的出身，從不為自己是犯人的兒子而畏首畏尾。

一八一六年，文特沃斯到劍橋攻讀法律專業，並在英國當了一段時間的律師。一八二四年回到悉尼。從此以後，他的生活就和澳大利亞的政治緊密地聯繫在一起了。

文特沃斯出生於澳大利亞本土，這使得他自然而然站在當地出生的澳大利亞人一邊。在十九世紀二、三〇年代，這些人的日子並不好過。他們是流放犯和刑滿釋放者的子女，人們稱他們為「土生小伙子」和「土生姑娘」。

由於生活環境和自然條件不同，他們與自己的英國祖先頗有些不同，身材更高大，操著一口帶有當地口音的英語。而且他們對那些來自英國的自由移民十分不滿。自由移民可以獲得大量土地，還瞧不起他們。這使「土生」的一代強烈的地方意識被激發起來。他們希望由他們治理澳大利亞，在這片土地上創造財富。麥夸里總督對待罪犯及罪犯子女的開明政策受到他們熱烈的歡迎。在他們創辦的一份周刊《土生小伙子》裡，崇英思想受到猛烈的抨擊。

我們已經在前面向大家介紹了澳大利亞解放論派和排斥論派的對立。解放論派的支持者之中，有相當一部分是具有民主思想的自由移民和在當地出生的罪犯的第二代。麥夸里死後，具有強烈反英意識的文特沃斯成了他們信任的解放論派領袖。其實，文特沃斯早在返回澳大利亞之前，已有了一套關於澳大利亞政治改革的設想，回到故鄉之後，他的行動便開始了。

文特沃斯和另一位律師羅伯特‧沃爾德一起創辦了非官方的報紙《澳大利亞人》。這份獨立的雙周刊成了解放論派的宣傳陣地，發表過許多抨擊力度很強的政治言論。這份報紙得到了當時的總督布里斯班的支持，他允許它不經審查即可發行。

這惹惱了排斥論派，他們趁布里斯班和英國殖民部官意見有所分歧之時上書倫敦。英國政府於一八二五年將布里斯班召回。然而《澳大利亞人》報，卻頑強地辦下來了。

文特沃斯最成功之處在於他通過在英國下院暗中活動，為新南威爾斯贏得一個代議制的立法機構。這還要從一八二六年十一月的一天說起。

新南威爾斯駐軍士兵約瑟夫·蘇茲和帕特里克·湯普森為了離開軍隊，以居民身分在澳大利亞定居，便故意違犯軍紀，偷竊悉尼一家商店的布料。總督拉爾夫·達令下令判處他們七年苦役，帶上沉重的頸枷和腳鐐在公路旁勞動。可是，幾天後，蘇茲卻病死在醫院裡。這起事件引起了強烈的公憤。

文特沃斯利用機會，在報紙上大肆宣傳。報紙上還刊登了調查蘇茲慘死的報告，證實了這位士兵的無辜。

人們開始反對總督，指責總督非法的越權行為。文特沃斯在一八二七年一月二十六日召開公眾大會，向英國國王和議會遞交請願書，要求實行完全的陪審制度，建立選舉產生的代表制立法機構。

全世界的牧羊人

一八六八年，英國的《笨拙》（Punch）雜誌上刊登了一幅漫畫，畫上是個澳大利亞牧羊女，她一手牽著一頭袋鼠，身後跟著一大群美利奴羊。這幅漫畫概括了當時的歐洲人對澳大利亞這個新興大陸的所有看法。

從一七八八年澳大利亞成為英國的殖民地以後，來自英國的犯人充當了開拓殖民地的主要勞動力。他們剛到時，這裡的

文化還非常落後，農業生產一片空白。於是，他們嘗試在這片從未耕耘過的土地上種植小麥、水稻、玉米和各種蔬菜。直到富有農業生產經驗的自由移民從英國被引入，移民的人口數量成倍增長之後，澳大利亞的農業水平才有了明顯的提高。

農業的迅速發展為其它各個行業的起步提供了條件，尤其是促進了養羊業的飛速發展。澳大利亞原來並沒有羊，當地土著幾乎沒有家養牲畜，除了他們心愛的狼犬。第一批羊是跟隨「第一艦隊」來到澳大利亞悉尼（雪黎）的，養羊業也隨之發展起來。

要說澳大利亞的養羊業，就得提一個人。他叫約翰‧麥克阿瑟，是個富有傳奇色彩的人，他的種種行為直接影響了殖民地上的各項政策和大多數老百姓的生活。後來的歷史學家毫不猶豫地把麥克阿瑟當作一個惡棍，是由於他在生意上「利如剃刀刃，貪似鯊魚心。」（這是他眾多仇人中的一個給予他的評價）其實，他的本行並不是做生意的。

麥克阿瑟倒是出身於一個蘇格蘭的商人家庭，父母是經營服裝業的。也許他們將自己的生意頭腦遺傳給了兒子，使得他以後在南半球一個年輕的國度大展拳腳。他在皇家海軍服役，一七九〇年，跟隨「第二艦隊」來到新南威爾斯，以保安隊上尉的身分駐守帕拉馬塔地區。在這裡，他得到了一百英畝的土地，使他有機會成為一個大地主。他主要種植葡萄、果樹、蔬菜和穀物，為政府的商店提供商品。

一七九五年，他把鐵犁引進澳大利亞。這對當地農業的發展是個很大的促進，因為在此之前，這裡使用的是鍬。鍬加人力的耕作形成的是非常原始的農業。他在經商和養羊之餘，還從事一點兒金融行當，只剩下很少的時間應付軍隊裡的活兒。

有一件事讓他臭名昭著，就是蘭姆酒的買賣。一個美國商

人帶著一船日用百貨和蘭姆酒來到悉尼港。麥克阿瑟和一些軍官買下了這船貨，然後以壟斷價格零售，甚至把蘭姆酒作為薪餉發給士兵。人們把以他為首的那些軍官叫作「蘭姆酒特種部隊」，對他們的營私舞弊和販賣壟斷酒對酗酒風的推波助瀾十分不滿，整個社會幾乎由於蘭姆酒和因此引起的債務陷入癱瘓。有些軍人為了償還債務，把家產也賣給了軍隊。當時的總督威廉‧布萊實在看不下去，企圖制止「蘭姆酒特種部隊」這種剝削窮人的行為。但是，胳膊擰不過大腿，一八〇六年，他反倒被麥克阿瑟帶領的一批軍官趕下了台。

可是，儘管麥克阿瑟做了許多讓人討厭的事，他仍是一個對澳大利亞做過傑出貢獻的人。他開創了澳大利亞的畜牧業。澳大利亞東南海域盛產海豹和鯨魚，海豹皮和鯨魚油成了它得天獨厚的貿易商品，很多商人都把目光投向那裡。但麥克阿瑟獨具慧眼，他感到這些商品的資源和需求量都十分有限。

他的判斷是：「在距離地球其他文明地區如此遙遠的這個小小居民點，不會有最終成功的希望，除非它能生產一種用於出口的原料。這種原料必須用最少的人就能生產出來，而需求量卻很大，並且還要能夠經得起長距離的海運。」他認為這樣的產品就是羊毛。

他在一七九五年就常年雇用三～四十人飼養家畜。但當時羊的品種不好。於是，他在一七九七年引進了一些西班牙種的美利奴羊，並進行了選種培育，使這些原來在好望角生活的羊逐漸適應了澳大利亞的環境。

幾乎是由於一個巧合，使麥克阿瑟獲得了絕好的機會。這正是「塞翁失馬，焉知非福。」一八〇一年，他因為和人決鬥，被送回英國軍事法庭受審。這使他有機會和約克郡的羊毛業資本家接觸，讓他們看了一下他從澳大利亞帶回來的羊毛樣

品。資本家們對他的羊毛的質量非常滿意。又因為當時英國本土的紡織業大量發展，羊毛的需求量直線上升，他們對麥克阿瑟的到來十分歡迎。麥克阿瑟乘機說服了國務大臣卡登姆伯爵，准許他在澳大利亞發展養羊業。

等他再次回到新南威爾斯，情況就大不相同了。他在總督賜予的五千英畝土地上飼養美利奴羊，澳大利亞從此有了大規模養羊業。一八二二年，澳大利亞出產的六十八噸上等羊毛在英國引起了轟動，美利奴羊由此揚名世界，人們稱之為「澳洲美利奴羊」。

從此，澳大利亞的養羊業蓬勃發展起來，美利奴羊毛幾乎成為澳大利亞的救星；澳大利亞對於英國來說，已不僅是個流放犯人的殖民地，更是個提供原料、進行投資和銷售工業品的場所。於是，大批資本流入這個市場，大量資本家移民到這裡，出現了牧羊業的大飛躍，英語裡叫作「the Great Squatting Rush」。從事養羊業的人越來越多，他們趕著羊群，從東海岸逐漸朝內陸地區推進，成了「squatter」。在澳大利亞歷史上，這個詞是指那些最初租用、借用或占用公家土地，在內陸荒野上住下來發展牧羊業，後來取得所有權的牧場主人。

一八三○年以前，政府的條件是相當優惠的，悉尼以西的牧場土地可以免費發放給養羊人。可後來因為養羊業成了個肥得冒油的行當，很多人都搶著幹，政府的政策也相應地發生了改變，土地以每英畝五先令的價格出售，而且購買地區限制在靠近悉尼，交通方便的地區。

利益的驅使，使得養羊人把政府的一套拋在一邊，他們趕著羊群向西行，占地後便住下來。政府對此毫無辦法。這些squatter 終於將土地占為己有，並以他們養羊所獲得的成就贏得了人們的尊重，也使 squatter 這個詞的意味發生了改變。這

個詞的原意是「蹲下不走的人」，美國人用它來指那些住在公家土地上賴著不走，企圖獲得所有權的人。此時，至少澳大利亞人認為那些 squatter 是值得尊重的。

澳大利亞人為養羊業的巨大成就而驕傲，他們在十九世紀末的養羊數達到了一億頭，享有「全世界的牧羊人」這項稱號。而在英國，雖然紡織業所用的原料大多來自澳大利亞，可英國人仍不遺餘力地嘲笑那個南半球年輕的「騎在羊背上的國家」，那裡只有單調的生活和肥羊肉，沒有一絲浪漫色彩。然而，就是這沒有浪漫情調的養羊業，造就了一個新民族誕生的基礎。

相信人們在回顧歷史，批評麥克阿瑟的貪婪作為時，不會忘記他的精明和果斷。因為他不僅給澳大利亞帶來了美利奴羊，還帶來了這片土地的希望。

黃金的誘惑

我心愛的姑娘，

你可曾夢見很久以前一個薄暮的時光，

在那古老的卡爾吉利公園，紫茉莉生長的地方，

月光灑滿公園的小徑，描繪出一匹閃閃爍爍的織錦，

在那胡椒樹低垂的枝葉中，情人們如何漫步談心？

這是美國第三十一任總統赫伯特‧胡佛寫下的一首抒情歌曲的第一節。當時，這位總統先生只有二十三歲，也許正在和一位少女談戀愛。他看上的不是美國女孩，而是一個澳大利亞

卡爾古利的女孩。卡爾古利當時遍地黃金，這位二十三歲的採礦工程師正是隨著席捲全球的淘金熱來到這裡的。

如果說美利奴羊給澳大利亞民族的形成奠定了基礎，那就可以說，黃金大大推動了這種形成。世界各地的人們帶著對黃金的憧憬，來到人姻稀少的澳洲大陸，這實在是因為黃金的誘惑太大了。

一八四八年，無數充滿激情和希望的人奔向美國的加利福尼亞，因為在那裡發現了黃金。當人們從各個渠道得知消息後，加利福尼亞州頓時成為全世界的中心，在那裡出現了世界上第一次大規模的「淘金熱」，很多中國沿海省份的老百姓也漂過重洋，加入淘金隊伍。然而，三年後，在澳大利亞新南威爾斯發現的金礦立刻使人們的視線來了個大轉彎，華人又紛紛奔向那裡。他們把美國加利福尼亞稱作「舊金山」，而把澳大利亞新南威爾斯叫作「新金山」，那裡是新的希望、新的生活，一切都將是新的。

如同羊毛離不開麥克阿瑟一樣，澳大利亞的「淘金熱」離不開愛德華·哈德蒙·哈格里夫斯。是他發現了新南威爾斯的金礦苗。可他在加利福尼亞卻是個失敗者。他的遭遇也許會讓許多苦惱的失敗者得到一些啟示。在發現黃金以前，哈格里夫斯一直是個不得意的人。他從英國移民到澳大利亞，經營牧場，屢次失敗後幾乎喪失了信心。正在不知怎麼辦時，就被捲進美國淘金的狂潮。可他在美國的境況並沒什麼改善。

人們形容他是個身材高大而肥胖的人，雖然才三十五歲的年紀（正當年富力強），卻行動不便。因此，他在淘金的競爭中被別人拋在後面。他的興趣、愛好其實並不在採掘、淘沙、搖淘籃這一套上。他是個想像力非常豐富的人，這決定了他最終將成為一個能幹一番大事業的人，而非一般淘金者。他發現

加利福尼亞的地質結構和產金礦坑的地質結構與巴瑟斯特（他就是在這裡經營牧場的）的非常相像，這使得他重新回到澳大利亞，在這裡尋找金礦。

在哈格里夫斯身上，我們可以看到一個成功者所應具備的幾大必要因素。首先他是個十分執著的人，雖然失敗接二連三，但他從未放棄過嘗試，希望始終在心中燃燒，儘管很多時候火焰已經非常弱小。其次，他的視野開闊，考慮問題不局限在狹窄的範圍。這可以從他由加利福尼亞的情況連想到巴瑟斯特的實際，而不只看到眼前的一點兒金子中看出來。第三，他的語言能力很強。

現代科學已經證明，語言能力和思維能力是緊密結合的，即所謂「語言是思維的外殼」。在他剛回到澳大利亞的時候，沒有人相信他那「荒唐」的尋找金礦的方案。他憑著三寸不爛之舌，說服了朋友借給他一筆錢，這筆錢加上他把從加利福尼亞帶回的金礦沙賣掉得到的錢，總共一百吉尼，相當於二十一先令。就靠著這筆錢，他最終找到了金子。

就這樣，哈格里夫斯這位在加利福尼亞不願淘金的人，在一八五一年五月十五日掀起了一場聞名全球的「淘金熱」（這一天的《悉尼先驅晨報》刊登了發現黃金的消息）。來自世界各地的人像瘋了一樣。黃金隨處可見，「散落在坑底厚厚一層，看起來像珠寶店一樣。」比較小的天然金塊「多得像沙灘上的圓石那樣多。」大塊大塊金子就埋在地面之下僅僅一呎左右的黏土裡；最著名的一塊被稱為「受歡迎的客人」，重達一四一磅，價值五萬美元。滿地都是財富，得到它又是如此容易，怎能讓人抵制這樣的誘惑呀！

淘金者來自世界各個角落。起先主要是英格蘭人、蘇格蘭人、威爾斯人和愛爾蘭人，後來是美國人與德國人，再後來，

「勤勞並且有勤勞者通常都有的好運氣」的中國人也來了。他們放棄了原來所有的一切，到達澳大利亞以後，其他什麼也不幹，直奔著金子就去。由於淘金者越來越多，倒是那些從事為淘金者服務這種行當的人發了大財，甚至遠遠超過那些運氣不太好的淘金者。有些聰明人在淘金者眾多的地方開一個小酒店，幾個月就成了大富豪。

與加利福尼亞的「淘金熱」相比，澳大利亞的這一次顯得較為平和一些。在加利福尼亞，有許多人在爭鬥中喪命，有些人公然搶奪別人的金子；對於淘金者來說，時時處處都有危險。而在澳大利亞，只有一次稍大規模的戰鬥，因為它是由一場發生在尤里卡旅館門口的鬥毆事件引起的，所以被叫作「尤里卡事件」。

一八五四年十月六日晚，巴拉臘特金礦場上有個淘金者在尤里卡旅館門口的一次鬥毆中被打死。淘金者認為旅館主人本特雷夫婦和另一個人是凶手。可因為本特雷和當地法官是朋友，最後被無罪釋放。人們心中積壓很久的怒火終於爆發，他們放火燒掉了旅館，並開始醞釀一場大的戰鬥。

其實，追根溯源，淘金者的怒火不是沒有來由的。在大批淘金者到來之前，澳大利亞幾乎是牧場主的天地；當淘金者像當初的牧場主強占土地，開闢牧場一樣，搶去了大批牧場上的勞動力時，牧場主們無法忍受了。他們竭力主張政府應多向金礦區收取各項經費，以此對這種「破壞國家勤勞風氣」的行動加以限制。而淘金者在一八五三年底以後的境遇逐漸開始不如以前了。表面土層的金礦被基本挖完了，更深層的金礦又不是靠幾個人、幾件簡單的工具就能挖到的。這使得淘金者的收入大大減少。可政府卻一如既往地徵收執照費，且不論收入多少，都是統一的一個價。這對於那些幾天下來也顆粒無收的人

來說，無疑是雪上加霜。警察們的蠻橫作風又加劇了人們的反抗心理，只要「火柴」一點燃，怒火燃燒起來必然勢不可擋。

怒火燃燒的全過程沒有必要一一介紹。警察們向淘金者開了槍，二十二名淘金者用鮮血和生命換來了其他淘金者的成年男子獲得選舉權、無記名投票及土地改革。這次澳大利亞土地上至今流血最多的一次戰鬥就此結束。

警察在戰鬥中的名聲不太好。由於這片土地上的第一批白人居民是罪犯，因而只要一提到警察，人們的心裡頓時就會覺得不自在。這種對警察的敵意是從一開始就有的，再加上他們在戰鬥中濫殺無辜，傷害了許多婦女和兒童，人們對他們的敵意就更強了。直到現在，人們都不太喜歡「警察」兩個字。

黃金的發現是繼美利奴羊的到來以後，又一個令整個澳大利亞乃至全世界為之激動的事。黃金的魅力無限，被它吸引，來自地球各個角落的人把澳大利亞當作是個新家，他們在這裡重新開始生活；不管以前的生活是什麼樣，現在就意味著一切。一八五一年對於澳大利亞的意義非常重大，它使那些曾經厭惡這片新大陸的人對它有了好感，而這種好感對於這片土地來說，就等於希望和未來。

變了味兒的英語

前面我們已經提到，可以用各種不同的標準來區分社會中的各個階層，比如住房、收入、性別、服飾等，其中也包括語言。平時說話時用的詞彙及發音習慣都明白無誤地告訴別人，你是屬於哪個群體中的人，語言在這一點上的區分功能是十分明顯而強大。

二十世紀三〇年代的上海曾有一批與現代都市白領階級頗為相似的人。他們在洋行裡做事，與洋人打交道，言談中會夾入許多英語詞彙，甚至直接用英語交談。這批人大多文化水平比較高，有的還是留洋的學生，所以他們講的英語基本上是標準的。而在上海洋涇濱附近做小生意的攤販雖然也能在做生意時說幾句英語，可因為他們本身的文化水平比較低，他們「引進」的英語就笑話百出了。然而，這樣笑話百出的英語因為符合了老百姓的接受程度，倒慢慢流行開來，一時出現了所謂的「洋涇濱英語」（Pidgin English）。它的語音不標準，語法結構是中文的，詞彙是英語的。操洋涇濱英語的上海人憑藉手勢的幫助，也能和洋人交流。這更使它身價百倍。

　　比如「讓我看看」這句話，在英語裡應該是「Let me have a look.」洋涇濱英語則是「Let me see see.」這是非常典型的例子，是英語和中文的一一對應，洋人稍動腦筋就能明白。英語裡的「modern girl」是時髦女郎的意思，上海人把它翻譯以後，稱作「摩登狗兒」，泛指那些走在時尚前面的小姐。更有趣的是上海人把飯店酒吧裡的侍應生叫成「1309」。為什麼會有這種數字代號呢？「侍應生」在英語裡是「Boy」，上海人把 B 拆成 1 和 3，o 和 y 的樣子和 0、9 十分像，所以「1309」就代表了「Boy」。

　　這是普通上海老百姓對外來文化的吸收，最直接的表現就是他們生活中說的話。澳大利亞在「淘金熱」中容納了各種膚色、各種語言的人，其中就有不說英語的德國人和中國人，他們在淘金的過程中學習英語，又把自己母語的詞彙和語音融合進去，使得澳大利亞的英語改變了原來的模樣。這種現象也被語言學家稱為「洋涇濱」英語（Pidgin English），它是形成澳大利亞英語的一個重要組成部分。新幾內亞和美拉尼西亞在成

為英國人的殖民地後，也出現了「美拉尼西亞的洋涇濱」（melanesian pidgin）和法語裡所謂的「beche de mer」（海參）。這種語言是由於英國人要向巴布亞人購買海參，巴布亞人為了做成交易而常說並且最後形成的一種語言。它們都是殖民地文化的表現。

澳大利亞英語的發音很有特色，明顯與英式英語不同。最大的不同是元音音素〔ei〕的讀法。澳大利亞人把〔ei〕讀作〔ai〕（即「愛」的發音）。這個元音音素讀法的不同是非常明顯的，通常一聽就能聽出來。澳大利亞人把「mate」（讀「梅特」，伙伴的意思）讀作「might」（讀「邁特」，也許的意思），把「lady」（讀「雷弟」，小姐的意思）讀作「lydy」（讀「來弟」）。發〔ai〕這個音的時候，嘴巴要張得很大，這使得很多英國人嘲笑澳大利亞人說英語的笨拙。這當中其實牽涉到第一批來到澳大利亞的英國人。這些犯人沒受過什麼教育，他們的口語帶著很明顯的倫敦東區腔，後來逐漸演變，就有了現在的這種發音。當然，現在的澳大利亞人早已「忘了」幾百年前的事，如果你跟他提倫敦東區的事，十有八九他會生氣的。

除了〔ei〕這個元音的發音不同，澳大利亞英語還有一些其它的發音與英式英語不同。下面就是一個澳大利亞人的笑話：悉尼的一個書店店員接待顧客時，常搞不清顧客究竟想買詩歌還是關於「雞鴨等家禽」的書，因為詩歌「poety」和家禽「poultry」從澳大利亞人嘴裡發出來是差不多的。一位想要一本關於怎樣養小雞的書的顧客，一直解釋了好多遍，才拿到自己想要的書。

美國人約翰·根室在《澳紐內幕》一書裡這樣寫道：「『Bloody』（極大的、非常的）是個『十足的澳大利亞形容

詞』——當然，也是個英語的形容詞。他們講到『大袋鼠』
（Kangaroo）這個詞，中間也要加上一個『bloody』，念成
『Kangabloodyroo』（挺大的袋鼠）。『Bloke』（傢伙）這
個傳自英國的詞同樣還在沿用。這裡每個人都稱傢伙。一些奇
特的動詞如：『winge』，抱怨；『yabber』，聊天；
『barrack』，捧場；『bludge』，乞討；『bugger』，破壞。
如果你想講這一種語言，你必須懂得下列這些名詞的含義：
『wowser』是清教徒；『tucker』是食物；『jackeroo』是牧場
上的生手；『poofter』是男性同性戀愛；『blue』是戰鬥；
『kip』是床。『strewth!』是一個任何場合下都可以用的感嘆
詞。要讚揚某人，澳大利亞人就說『Goodonyer!』（好樣
的！）『Digger』（挖金者，指澳大利亞人）這個詞已經不大
時行了，但是，『dinkum』（真正的、很好的）和『fair
dinkum』（非常之好的）這兩個詞仍然流行。有些澳大利亞俚
語實在令人難以置信：把『企圖詐騙』說成『裝扮成一隻龍
蝦』（to come to the raw prawn）。有的又太繪聲繪影了：把
『嘔吐』說成『chunder』」。❶

　　另外，澳大利亞人把一帶個女孩去晚會」（take a girl to a
party）說成「take a sheila to a shivoo」。當一個人警告你暴風
雨就要來臨，他會說這麼一個詞「willy-willy」，而英國人會
說「a windstorm is threatening」。他們還直接用了土著的一些
詞彙，如「kangaroo」（袋鼠）、「koala」（考拉熊）、
「dingo」（澳洲野狗）、「kookaburra」（笑。這是一種澳大
利亞出產的鳥，叫聲像人的笑聲）。由此我們可以看到澳大利
亞英語在詞彙上受到土著語言很大的影響。而且，淘金者的生

---

❶　《澳紐內幕》，〔美〕約翰，根室著，上海譯文出版社。

活是澳大利亞文化無窮無盡的源泉，在淘金生活中發生的點點滴滴，都能在以後澳大利亞人的生活中找到蛛絲馬跡。

澳大利亞這種在英國人或美國人看來非常奇怪的英語，受到的不止是土著語言、倫敦東區口語和內地開發（養羊業及淘金業）的影響，第一次世界大戰時派出的遠征軍也對他們的語言進行了「改造」。英國著名詩人約翰·梅斯費爾德（John Masefield）在一戰中見到澳大利亞和紐西蘭的士兵，他感動地寫道：「他們是現代最美的年輕人，肢體健美，忍讓而富有尊嚴！他們超過了我所見過的任何人。」可是，他可能並沒聽懂這些士兵們拔隊時所唱的，否則估計他會發出不同的感慨。士兵們唱的是〈流浪漢進行曲〉：「a jolly swagman who boils his billy at a billabong where a jumbuck comes to drink.」這裡面，「swagman」、「billy」、「billabong」、「jumbuck」四個詞都是英國人不屑的詞，在英國人看來，只有缺乏教養的人才會用這種詞。這四個詞在英國英語裡分別對應的是「bundle」、「pan」、「waterhole」和「sheep」，意思是：「一個快樂的流浪漢在水池邊用罐子燒水，正在這時，一隻羊跑來喝水。」澳大利亞士兵歡快的歌聲和健美的軀體感染了詩人，雖然詩人如果聽懂了他們在唱什麼，說不定會可惜上帝賜予澳大利亞人的東西被澳大利亞人白白浪費了，可是，流浪漢的歌曲讓士兵們覺得快活，這點就足夠了。

澳大利亞英語裡有許多地方顯示出明顯的澳大利亞特色。比如有這樣一個說法：「not to be a drong or you will end up in a picnic or up a gum tree.」意思是：別做個傻瓜，不然你會有麻煩的。這裡，「gum tree」代替了「be in trouble」（惹上麻煩）。「gum tree」是世界聞名的澳大利亞桉樹，它幾乎和袋鼠一起，成為澳大利亞的象徵，只要一提起它，人們馬上會想

到澳大利亞，就像長城和中國連在一塊兒，風車則和荷蘭連在一起。

「English」這個詞，在澳大利亞人的口語中被說成「Pommies」。為什麼會有這麼大的變化呢？兩個詞看起來似乎沒有任何聯繫。語言學家考察它的來歷，產生了不同的見解。第一種認為，它的來歷和澳大利亞曾經是罪犯的流放地有關。「國王的犯人」，在英語裡是「Prisoners of His Majesty」（這讓人想起上海的美琪大戲院，「美琪」是由「Majesty」音譯而來的。上海還能找到許多這樣的由英語單詞音譯而來的，現已融入我們生活中的詞彙），縮寫為 P‧O‧H‧M，連在一起讀，就逐漸變成了「Pommies」這個詞。還有一種說法認為，「Pommy」來源於和「immigant」（移民）押韻的 jimmygrant（移民補助金）。「移民」和「移民補助金」兩個詞是和澳大利亞歷史緊密相連的，前者是這個年輕國家早期居民主要的組成部分，後者是政府給予移民的政策扶植。「jimmygrant」在十九世紀中期，被人們簡化為 jimmy。後來不知怎麼地，人們在英國人玫瑰色的面孔和石榴的血紅色果實之間產生了聯想，把「jimmy」變成和它押韻的「pomegranade（石榴）」，最後這個詞被省略為「pommy」。

我們總是說：「狗嘴裡吐不出象牙。」真是不錯，什麼人說什麼話，什麼時代說什麼話。澳大利亞人說的英語就像美國人說的英語一樣，不可能再是純正的英國英語了，因為澳大利亞人有自己的歷史，也有自己的性格，沒有人可以嘲笑他們的發音和他們說話的方式。每個民族都會選擇自己說話的方式，可他們同時也被歷史所選擇。

土著的悲劇

「白人到來前，我們雖然沒有衣服穿，大家都過得又自由又幸福，可吃的東西很多，獵取食物也是樂趣。後來白人來到我們中間，他們從我們的土地上把我們趕走，用步槍打死我們的人，還監禁我們的人，搶走我們的妻子、女兒和姐妹。如果我們殺死了白人，你們能譴責我們嗎？白人還做了一件事，就是教會了我們喝酒、吸菸、罵人和偷盜。」這是一位叫作達萊庇的黑人部落酋長對一位叫作湯姆‧皮特雷的白人移民說的話。這段話讓我們深深地感到悲哀。它表達的既是一種生存權被剝奪之後的悲哀和憤恨，更是悲哀與憤恨之後的無可奈何。澳大利亞土著居民不明白為什麼他們在一夜之間失去了曾經屬於他們的東西？似乎沒有人願意為他們提供答案；而靠他們自己，至少在白人剛來時，是找不到答案的。

白人尚未踏上澳洲土地時，這片廣闊而空曠的土地只有唯一的一個主人——澳大利亞土著居民。他們的生活自由自在；大家都是黑皮膚，赤身裸體，從來沒有人覺得這是「不文明」的；袋鼠是「共有」的，沒有人會用柵欄把它們圍起來作為私有財產。而當白人到來以後，土著居民不僅膚色和他們截然相反，而且漸漸地從互不干涉發展成對立、敵視，甚至仇視。

為什麼？這究竟是為什麼？

當菲利普船長率領「第一艦隊」到達澳大利亞的時候，他也許沒有想到會引起日後激烈的種族矛盾和大規模對黑人的屠殺，當時他只是覺得，也許要使犯人和土著居民保持良好的關係是很難做到的。菲利普船長沒有因為自己的膚色而產生優越感，他對土著居民的態度很實事求是。現在悉尼的郊區有個地方叫曼里（manly），這個名字就是菲利普船長取的。當他來

到這裡時，被土著們的行為所感動和震驚，他對他們的表現非常欽佩，因此起了「manly」這個名字，意思是「非常有男子氣概的」。

可是，像他這樣的白人並不多，大多數白人把土著居民看成是奇怪、愚蠢的黑人，他們沒有文化。對白人來說，他們就像澳大利亞會說話的袋鼠，白人和他們之間是決不會有平等關係的。

雖然土著居民在新到的「客人」最需要幫助時給予了他們最及時的幫助，向他們提供了食物，但「客人」並沒有因此感謝他們，這使他們在無意間扮演了「東郭先生」的角色。由於當時犯人們面臨非常嚴重的食物短缺，飢餓成為很平常的事，倫敦的「狡猾的道哲」們（「道哲」在英語裡是「dodger」，意思是騙子。在英國著名小說家狄更斯的作品《霧都孤兒》中就有「狡猾的道哲」一詞，也就是少年扒手。）又重新幹回了本行，他們經常偷竊土著居民的東西。更過分的是，他們傷害了土著的尊嚴（他們從不認為土著是有尊嚴的）：他們經常調戲侮辱土著女性，這嚴重威脅了土著們的生存。

菲利普船長當初用的形容詞「manly」沒有錯，土著們不可能容忍這種肆無忌憚的破壞行動。他們從一開始對白人的反感，逐漸發展成仇視。這種仇視針對所有白人，是種族對種族的仇視。其中就有一個極端的例子：一七九六年，一個土著黑人女孩在白人家裡當女僕。這原本該是一件普通的事，可土著居民們卻無法忍受這樣的情況存在，他們認為這是大逆不道。土著不允許為白人幹活，就像作戰時忠誠的士兵不允許倒向敵方一樣。於是，幾個土著把這個黑人女孩誘騙到森林裡，將其殺死之後碎屍。然而，這樣的報仇行為非但解決不了問題，反而引起了更多的問題。土著殺死「大逆不道」的同胞，這種行

為在白人看來無疑是缺乏理智和教養的，這使他們更歧視土著居民和土著文化。種族仇恨的心理進一步加強。

鬥殺在兩種不同的膚色之間進行。結果是可想而知的，土著居民幾乎是赤手空拳地捍衛自己的生存權力，每次鬥殺之後都會犧牲慘重。白人手上拿著先進的武器，還有所謂先進文明作為支撐。白人殺土著不犯法，土著殺白人罪該萬死。所以，當一七九九年新南威爾斯法庭宣判五名殺害三位土著青年的白人有罪的時候，引起了很大的震動，當時的總督韓特將案件的審理情況上報英國殖民部，殖民部沒有支持原判，而是下令釋放這五名殺人凶手。這充分說明土著是不受法律保護的。從此以後，濫殺土著居民的事便開始經常發生。

在殖民初期，白人和土著居民之間還沒有十分激烈的利益衝突，可隨著養羊業的迅速發展，土著逐漸成為不具備利用價值的「廢物」，他們的生存危機進一步加劇。

十九世紀以後，由於英國內部的社會問題越來越嚴重，被流放到澳大利亞的犯人大幅度增加，自由移民也越來越多。人們認為，雖然這個年輕的國家沒有貴族的血統，也沒有倫敦社會的優雅，可到處是發財的機會，對那些在英國本土不太得意的人來說，這裡或許是個不錯的選擇。他們來到澳大利亞開設了許多牧場，隨著養羊業的發展，牧場的面積也十倍、幾百倍擴大。這使得白人和土著居民的利益第一次發生了嚴重的衝突。

牧場主在牧場周圍設了籬笆，防止食草動物闖進去吃了留給羊吃的草。袋鼠靠食草為生，這樣一來，等於斷了袋鼠的生路，而袋鼠是土著的主食，這又等於間接斷了土著的生路。他們迫不得已，去偷去搶白人的羊。這成為他們的又一「罪證」。土著從來就認為腳下這片土地沒有禁區，從來沒有人會

用柵欄或籬笆將一塊土地圈為己有，所以，他們剛看到一圈籬笆時，並沒有弄清它的含義，還是像往常一樣自由進出。當白人拿起武器，為了保衛財產而殺死第一個土著時，土著居民才意識到籬笆的真正含義，可是他們怎麼也不明白為什麼這些白人可以這樣做，究竟是誰賦予他們這種權力？

因為黑人土著既沒有任何可以為白人的養羊業服務的技術，又妨礙了牧場的進一步擴大，他們在白人的眼裡就顯得沒有任何價值。一開始，白人向土著索土地，使土著各部落之間的距離縮小，引起了部落間的矛盾和互相殘殺。後來，他們將土著「驅趕」到內陸地區，在這個過程中，大批黑人死於非命。白人在周末的消遣是「獵取土巴佬」，對象是那些偷了他們的羊或侵犯他們領土的土著。

最慘不忍睹的是他們用下了砒霜的食物毒死這些「害獸」，然後剝下他們身上具有依爾莎‧科赫風格的刺花皮膚。編年史作家尼爾‧布萊克在記事本中曾寫下這樣的一段話：「這些壞蛋通夜和『留布拉』（土著婦女）睡覺。如果這個女人給他染上梅毒或不管怎麼得罪了他，那麼也許等不到第二天中午十二點，就會被他用槍殺死。我聽說，這種事決不是難得發生的。」

白人對土著居民用盡了各種挑釁手段，其中之一就是誘姦或強姦黑人婦女，姦後殺之。一八五七年的秋天，兩名英國白人從昆士蘭的弗雷澤哈姆來到附近一個叫昆加里的土著部落，趁部落裡的男子都外出打獵之機，將所有的女子趕出棚子，並強姦了兩個土著女孩。黑人們憤怒了，當天晚上，一群男人衝到弗雷澤哈姆，殺死了一個強姦犯和其他幾個英國人。這使得白人們立刻有了「復仇」的藉口，他們從各個地方會集到弗雷澤哈姆，把昆加里和附近部落的大約兩千名土著全部殺死。

這是一場沒有人性的慘劇，土著居民的生命在澳大利亞這片土地還從來未曾受到過如此殘酷的對待，他們在白人眼裡比不上狗有用，所以白人認為：「開槍打死他們不會比打死要咬你的狗更壞。」（這是一位叫亞特的牧師在一八三五年對「英國挑選黑人」委員會演說中談到的自己的見聞。）

　　白人在屠殺土著居民中，還使用了各種辦法破壞土著內部的團結，其中之一就是雇用「土著警察」。「土著警察」最早出現在一八三七年的維多利亞，殖民政府通過收買和欺騙，教唆他們屠殺那些與他們對立的部落裡的土著。土著並沒有識破白人的狡猾手段，親手殺死了自己的本族同胞。這種白人稱作「狗咬狗」的情況一直持續到一八五三年。

　　就在對土著居民的屠殺不斷進行時，善良的黑人卻將瀕臨絕境的白人救離了困境。伯克—威爾斯探險隊試圖南北橫越澳大利亞，他們的探險路線對於土著居民來說是熟得不能再熟了，所以，當探險隊遇到危險時，只有土著可以向他們伸出救援之手。

　　這是非常具有諷刺意味的，也使我們不由得開始思考，究竟該怎樣去評判一種文明的先進與落後，或者誰該為人類的種種荒唐負責？

　　澳大利亞土著的善良並沒能換來白人的同情，他們的命運一天比一天更糟。在塔斯馬尼亞更是出現了人類歷史上絕無僅有的一次把整個人種徹底滅絕的事件。

　　在白人還沒有來到島上時，島上的土著居民共有大約六千人。可是，當塔斯馬尼亞島成為白人的殖民地，而殖民地又面臨著嚴重的飢荒時，土著就成了白人獵取的對象。白人自由移民帶著犯人們出去打殺土著，而那些不受監獄限制的部分犯人則成了「叢林匪徒」，肆無忌憚地殘殺土著。土著居民被迫起

來反抗，歷史上稱作塔斯馬尼亞島的「黑戰」（Black war）。「黑戰」引起的是白人更為瘋狂的屠殺。

一八二六年，殖民政府宣布：每捕捉一名黑人，賞金五英鎊。在聖保羅和兩岸地區，每十二人中捕九殺三，東部沼澤地區捕二殺十。一個叫羅賓遜的白人受到政府的獎勵——四百公頃土地，理由是他清洗黑人有功。其他白人還集資二十萬法郎獎賞他。

塔斯馬尼亞島的土著居民數量迅速減少，到了一八三三年，只剩下兩百人。這時政府當局改變了方法，他們把這些土著放逐到巴斯海峽的弗林德斯島，將土著們安置在島上的沼澤區，除了向他們提供食物之外，還散發給他們基督教教義問答，讓他們穿上歐式服裝。可惜，他們企圖「改造」土著的望願沒有實現，反而把土著逼得走投無路。十年以後，也就是一八四三年，島上只剩下五十個土著黑人了。還有些白人傳教士試圖把塔斯馬尼亞人作為珍貴的人種標本保留下來，他們的努力更讓我們覺得土著居民命運的悲慘。在白人眼裡，土著可以是其他的一切，惟獨不是人。

一八六九年三月，最後一個純血統的塔斯馬尼亞男子威廉·蘭奈死於霍亂性腹瀉。一八七六年五月，最後一個純血統的塔斯馬尼亞女子特魯甘尼尼死在霍巴特，死時七十三歲。她的一生正是白人屠殺塔斯馬尼亞土著的歷史，她的一生從未從得到過安寧和幸福，她在白人的驅趕中度過一生，連臨終前的遺願都不能實現。她懇求死後屍體不要解剖，但她的骨骼被存放在霍巴特博物館，「以作為她的種族注定滅亡之命運的一個恰當的紀念品」。

歷史有的時候真的非常相像，澳大利亞土著居民的悲劇遭遇與非洲土著、美洲印第安人和大洋洲其他地區的土著居民的

遭遇何其相似，他們的原始文明在白人的文明面前顯得脆弱而無力。他們的世界曾經只有自然界的朋友，可在一夜之間，突然就闖來了那麼多白人，而且白人「充滿自信」地想成為這片土地的主人，還「充滿自信」地想改造黑人落後的文明。

當土著居民逐漸放棄自己原始的生活方式，開始模仿白人的吃、穿、住、行的習慣；當他們開始學習先進的文化和技術，拋棄了漁獵業和採集業；當他們開始擺脫圖騰崇拜，轉而信仰基督教──當土著文化越來越先進的時候，土著們也許在心底哀嘆他們傷心的往事和悲慘的命運，而生命則是他們所付出的最曰蠻貝的代價。

Chapter 8
現代澳大利亞文明

土著的今天(一)

　　當有著不同文化的人類共同體進入集中的直接接觸，必定造成其中一個群體或兩個群體原來的文化形式發生大規模的變化，接觸的環境、強度、頻率和友好程度都會影響其變化的程度及變化的性質。經過變化的文明可能其中的某些特質被取代，可能原先的特質經過重新組合，形成了新的制度，可能從本身生出新的特質，以滿足變化的需要，也可能原來的實質部分已經喪失掉了。

　　有時候，一種文明傳統的核心部分也許並沒有發生改變，但由於其外部形式與傳統的差異巨大，造成人們在認知上的無所適從，很難再把現在的和從前的等同起來，這種文明其實已面臨了丟失傳統的危險。新英格蘭北部的印地安人在英國人來到他們的生活中並開始殖民統治以後，生活方式發生了巨大的改變。他們不再像以前那樣穿很少的，在白人看來非常奇怪的衣服，而換上了歐洲服裝··他們不再用石器，改用金屬工

具；他們發現弓箭在戰鬥中不如槍來得管用，也使起了槍；他們學習法語，講得很流利；原來的原始宗教也逐漸被拋棄，基督教或天主教成了他們的信仰。而那些曾經屬於他們的東西現在也已被白人接受，不再是他們的「專利」，比如使用獨木舟和雪鞋。因此，儘管這些印地安人的傳統價值觀沒有很大的改變，但當本世紀七〇年代他們開始要求承認他們的民族身分時，他們已被認為根本不像印地安人了，沒有人把他們的要求當回事。

澳大利亞土著的原始文明面對強大的白人文明衝撞，在一開始就表現得軟弱無力；「每當土巴佬的眼光同白人的眼光相遇，土巴佬總是表明 nolo contendere。意思是；我不想抗爭。」土著的心中充滿了悲傷和憂鬱。土著詩人傑克‧戴維斯曾經站在曼哈頓的聯合國大廈前面，向人們呼籲，該多關心一下澳大利亞土著了。他的詩句：一部落啊一去不復返州長矛啊全都折斷！」包含的是土著們辛酸的眼淚和難以言說的痛苦。

我們已經在上一章說明了土著在白人來到之後的悲慘經歷：塔斯馬尼亞的全部土著在七十三年時間裡被全部「消滅」。全澳大利亞的土著居民從一七八八年的三十多萬減少到一九三三年的六萬六千人，一四六年中減少了 79%。種族成員的迅速減少、生存環境的日益惡化和物質條件的落後，使得土著們對白人既心蓄仇恨又無可奈何，他們始終只能被迫接受白人加給他們的種種「權利和義務」，過著不屬於自己的生活，真有「生活在他鄉」的味道。

現在，出生於澳大利亞的講英語的人自稱為「natives」，而把那些棕色皮膚的人，即那些土著的後代（大部分都是混血的）稱作「aborigines」。「aborigines」是歷史的遺留，而不是時代的寵兒，他們的社會角色非常尷尬。這種尷尬究竟是由

誰造成的，誰該負主要責任？讓我們來看看白人究竟幹了些什麼？

　　從本世紀三〇年代起，澳大利亞政府就開始對土著居民實行「同化」政策。這已經是政府對土著實施的第四種政策了。最早的時候，澳大利亞白人當局一味地想搞種族滅絕。當他們慘無人道的行徑受到包括英國國內有識之士的譴責時，又轉而實行英國式的人道和公正。後來因為土著居民的數量急劇減少，迫於各方壓力，當局不得不對土著實行保護政策，採取一定的福利措施。而當土著文化和白人文化互相格格不入，甚至尖銳對立時，白人終於想到了「同化」。所謂「同化」，是指所有的土著和具有土著血統的人都享有其他澳大利亞人享有的權利和義務，他們是澳大利亞社會的成員之一，應該和其他澳大利亞人擁有同樣的生活方式，遵循同樣的習俗，他們的宗教信仰、對生活的態度和對澳大利亞民族的感情也應該和其他人一樣。雖然政府主張促進同化，並且反對任何強制性和永久性的種族隔離，但他們的種種行為又使得土著們自認為並沒有享受到平等的待遇。

　　許多土著的後代長大後回憶起童年，都說那是一段可怕的日子。他們被迫離開父母和家庭，去「享受」白人提供的教育。土著一直對教育抱著懷疑的態度，他們的孩子從來不進學校接受正規教育，他們的祖先是在遊戲中學會生活中必需的各種技能的，而白人卻要他們進學校！在昆士蘭的一所大學裡，一萬七千名左右的學生中只有兩名土著學生。土著的孩子相信「讀書讀到頭，換不來一把好鋤頭。」這是一種非常落後的觀念，是在世界上任何落後的文明中都會存在的。

　　白人為了向澳大利亞土著居民灌輸西式的知識，對他們實行西方化的薰陶，決定從「小」做起。他們把土著的孩子從

土著家長身邊帶走，把他們送到白人家庭或是白人的孤兒院、教養院，讓他們在那裡接受教育。這是一種不容分說的行動，土著沒有任何發表意見的權利，他們眼睜睜看著自己的骨肉被人搶走，從此就可能音訊全無。但是，沒有人重視他們的想法，他們的道理在白人面前講不通，白人的道理他們更接受不了。到後來，白人幾乎想盡各種辦法以帶走土著的孩子。如果土著生下的孩子是藍眼睛，他會非常害怕，因為白人會以此為藉口，說孩子有白人的血統，把孩子從他們身邊搶走。

一九四九年，聯合國的一份協定中，認為澳大利亞政府帶走土著兒童的目的是為了讓他們融入更廣闊的，非土著的社會中去，希望他們不再接受土著的傳統文化價值和宗教觀念的薰陶，並轉而投向西方文化。

離開父母的土著孩子在白人家庭和教養院中所受的待遇並不像白人承諾的那麼好。本來，在童年時期離開家庭就是一件最不幸的事，而從此享受不到溫情就更是不幸中的大不幸了。童年的這段記憶在這些土著孩子長大以後成了鞭打、痛斥和挨餓的代名詞，也使他們終身和白人保持一段距離，並在距離之外譴責白人的文明。

一九一○～一九七○年的幾十年裡，共找到十萬個被從家中強行帶走的土著兒童，占當時土著兒童總數的 10～30%。一個由土著組成，名為「人權和平等權利委員會」（the Human Rights and equal Opportunity Commission）的組織在一份題為〈帶他們回家〉的報告中說：「強行帶走土著的孩子是『反人性的罪行』。」委員會要求澳大利亞政府對此做出賠償。報告中還說，許多兒童因為他們土著的身分而遭到污蔑和歧視，他們被告知他們的家人已死或並不喜歡他們，拒絕將他們留在家裡。土著兒童們重複著他們的父輩、祖父輩被迫遷移

的經歷，他們的土著身分得不到承認，隨時有被殺掉的可能。

土著們似乎一度認可了白人對他們的「形象塑造」，忘記了他們應該是怎樣的，他們在突然的變化中一下子無所適從。

土著的今天(二)

土著們逐漸從事態的發展中認識到他們必須為自己的生存利益做鬥爭，他們要爭回失去的原本屬於自己的東西。在整個澳大利亞成立了許多土著的聯合團體，土著中富有領導才能的人物作為土著的代表，開始為自己人說話。這種情況和在美國的許多黑人團體的活動非常相像。而且，有些時候，他們的「工作」作風也頗為相近。（這裡加入土著到英國要回祖先頭顱的事。）

在新一帶的土著後代中，出現了越來越多頭腦清醒、富有遠見的人，他們對土著文化所處的困境有自己的看法；並且，他們不再像祖輩那樣，只是一味抱怨，而是積極地面對生活，用自己的卓越才能和出色成績向世人展示土著文化的魅力。

一九〇二年，土著出身的著名畫家艾伯特·納馬特杰拉誕生在澳大利亞中部地區一個平凡的家庭裡。他並沒有從小學畫的經歷，一直到他三十二歲那年，他參觀了一次畫展並愛上了這門藝術，決定從此開始學畫。他的老師是土著雷克斯·巴特比，所以他的繪畫風格繼承了土著畫家的傳統。四年後，他開始舉辦畫展，而且在以後的十年時間裡，在澳大利亞畫壇上獲得了很高的地位，被授予「繪畫藝術院士」稱號。但是，他卻因為土著的身分，不被允許參觀自己的畫展。可他並沒因此停止努力。在他的培養下，一批土著畫家成長起來，一個「格爾

曼斯堡繪畫學派」（格爾曼斯堡是納馬特杰拉出生的教會區區名）出現在澳大利亞畫壇上，它對現代澳大利亞的藝術界產生了很大的影響。

澳大利亞土著運動員凱西·弗里曼（Cathy Freeman）的行為證明她是新一代土著的傑出代表。弗里曼承認她從土著血統中吸取了無窮的力量，但當一部分土著要求她抵制將於二〇〇〇年在澳大利亞舉行的奧運會時，她拒絕了。弗里曼十六歲時在一九九〇年於紐西蘭舉行的英聯邦運動會上獲得四×一百米的接力賽冠軍，並從此得到國人的喜愛。那時，她拒絕對土著問題發表評論。四年後，弗里曼在加拿大舉行的英聯邦運動會上大豐收，將兩百米、四百米跑的金牌納入囊中。比賽之後，她舉著澳大利亞國旗和一面代表澳大利亞土著的旗子繞場奔跑，向觀眾表示感謝。代表土著的旗子上，紅色和黑色的底色上有個黃色的圈。黃色和紅色分別表示帶著土著生命的太陽和土地，黑色則象徵著土著黑色的皮膚。她的舉動被認為加強了土著和白人的團結。

在得到第一塊金牌後的記者招待會上，她公開談到自己皮膚的顏色和土著問題。「我知道，當土著看到那面旗子，他們都為自己感到驕傲。」弗里曼說：「如果能讓他們認為自己不錯，我願意做任何事。」

緊接著，弗里曼又在亞特蘭大奧運會上獲得一枚銀牌，在希臘世界田徑錦標賽上獲得金牌。在亞特蘭大，她的土著旗最後留在運動包裡，沒有拿出來向觀眾們示意，因為組織者告訴她，那樣做會破壞國際奧委會的規定。但在雅典沒有這個規定，她拿出了兩面旗子繞場奔跑。這使她在家鄉受到好評。她成為澳大利亞第一個獲得世界或奧運會田賽金牌的土著。「第一個總是特別的。」她說：「我非常高興自己既是澳大利亞人

又是土著。它們雖不同，卻又是相同的。」

而當弗里曼收到一封來自西部澳大利亞的「致弗里曼的公開信」後，她不由得猶豫起來。這是一封當地土著寫的信，他們要求弗里曼抵制二○○○年的悉尼奧運會，以此幫助土著在與政府的土地權利糾紛中取得勝利。信中說：「弗里曼，我們希望你不去跑，和我們站在一起，與我們一起默默地哀悼。」一個當地的土著頭領說：「我們愛她，想看見她跑——她是澳大利亞的金色女孩。」

弗里曼的經紀人說，這位世界冠軍將不會被拖入土地權利的爭論中。「這些人想用她的名氣達到他們的目的。」原來，議會正準備通過限制土著土地權利的法律，土著和政府的關係處在一個低谷。

最後，還是美國奧運冠軍，黑人卡爾·劉易斯的話鼓勵了弗里曼：「我不認為抵制有任何好處。你應該去比賽工並使它有所不同。你能激勵年輕人做到最好。」我們都知道，這位美國的著名運動員抵制了一九八○年的莫斯科奧運會，也看到了東歐國家抵制一九八四年洛杉磯奧運會的情況。

弗里曼聽了這麼一番話，決定不參加抵制悉尼奧運會的行動，她想用自己的行動證明土著的生存價值，並鼓勵那些需要好好引導的土著少年。確實，她的作為土著的自豪和驕傲感染了年輕人。當她在九六年到悉尼的貧民區時，她看到當地的土著住在那些被認定已不能住人的房子中，孩子們紛紛爭著要她的親筆簽名。弗里曼說：「當小孩們看到我，與我接觸，他們會覺得自己有希望。我嚴肅地扮演著榜樣的角色。」

是的，年輕的土著們太需要榜樣了，這種榜樣不是白人們想要樹立但到頭來發現並沒有樹立好的榜樣，他們需要的是弗里曼這樣的優秀的土著年輕人。榜樣是他們重新樹立生活信心

的動力。這樣的動力得來並不容易，他們已經失去很久了。

　　現在，土著的藝術在澳大利亞受到越來越多的人歡迎。土著藝術家們常在街頭表演他們的傳統節目，比如吹奏一種叫「笛捷里都」的低音笛子；或是向路人展示他們色彩斑斕，想像奇特的畫作。畫有土著畫的衣服受到人們的熱烈歡迎，人們希望通過這種形式，表達他們對土著的支持和同情，同時也表示他們對原始藝術的喜愛。

　　不管支持也好，同情也好，澳大利亞土著都必須自己解決面前的一大堆問題。他們面對的是全球化的文化和社會經濟變遷，這個過程將影響到地球的各個角落，只不過有個先後順序。文化多樣化已經成為整個世界的趨勢，各個文化體系正在發生較以往更為頻繁的接觸和猛烈的撞擊，雖然人們無法判斷這對人類而言是得是失。澳大利亞土著在毫無準備的情況下迎來了他們無法理解的各種遭遇，但他們不能永遠沒有準備，他們必須為自己的將來做打算，他們必須做出改變，即使從心底裡並不願意。

　　至於白人，他們當中已經有很多人開始思考這樣一個問題──他們的文明裡充滿了毒品、暴力和愛滋病，還有低級庸俗的東西，把這樣的文明強加在別人頭上，真的有必要嗎？他們正在尋找一條坦途，使西方文明和原始文明能更好地交流和合作。

「我們是怎樣的一些人？」

　　「我們是怎樣的一些人？我們毫無疑問是歐洲人，主要是英國人的後代，具有深刻遺傳自英國女王的尊貴。我們繼承並

保持了英國式的議會民主，在一定程度上修改並繼承了英國憲法。我們說『莎士比亞英語』，儘管我們的口音對他而言十分奇怪。我們又是英格蘭、蘇格蘭和愛爾蘭文學的積極繼承者。近幾年來，我們接納了數以百萬計的歐洲移民，他們的到來，豐富了我們的文化。至此你們也許認為我們只是來到原始土地上的一群歐洲人，但我們還遠不止此。」

這是澳大利亞前總理羅伯特・戈登・孟席斯爵士（Sir Robert Gordon Menzies）的一段話。他提出了「我們是怎樣的一些人？」這個問題，這個問題也許對每個澳大利亞人都有思考的價值。

我們在前面一章已經向大家介紹了所謂「罪犯的傳統」。「第一艦隊」上的犯人一定沒有想到他們的身分會在後代的心中產生如此巨大的影響，成為他們在很長的時間中無法擺脫的陰影。這種影響就像（夢幻時代）（Dreaming time）對於澳大利亞土著居民的影響，它深入人的心靈，幾乎成為難以被趕走的包袱，壓得這些「罪犯的後代」真的有些喘不過氣來。

麥克阿瑟的民主原則使得不少被釋放的罪犯通過自己的勞動而致富。然而，即使在當時，對這些罪犯的寬容態度仍然引起很多人的反對。拋開許多實際利益不說，單是罪犯的身分就讓他們無法容忍。至於罪犯的後代，則更害怕別人提到他們的強盜父親或者妓女母親，一種明顯的卑微意識糾纏著他們。

個體的生存態度和生存意識融合在一起，就成了一種集體的卑微感，它成為這個國家裡廣泛存在的社會和文化意識。澳大利亞作為一個統一的民族獨立國家，成立於一九〇一年一月一日，從此，南半球上出現一個年輕的國度。然而，奇怪的是，這個國家很長時間裡沒有自己的國歌，為此受到約翰・根室的嘲笑，並認為人們在澳大利亞感受不到多少愛國心。下面

是一首擬議的國歌中的一段——

萬歲澳大利亞，年輕溫柔的主婦！
高舉起仍然鮮艷的慈悲大旗，迎風飄舞！
給不列顛的棄兒們以寬恕與和平，
給全世界一切受壓迫者以棲身之所。

一直到一九八四年四月十九日，澳大利亞聯邦政府才將由蘇格蘭人彼得‧馬茨‧馬科米克作詞作曲的〈美麗的澳大利亞，前進〉作為澳大利亞的國歌。歌中唱道——

我們澳人多麼歡樂幸福，
因為我們自由又年輕。
這裡有金子般的土壤和寶藏，
供我們開發耕耘。

我們的國土四面環海，
瑰麗多姿，富饒迷人。
在歷史的每一階段，
美麗的澳大利亞都在發展，前進！
在歡樂的樂曲聲中，我們放聲高歌，
美麗的澳大利亞，前進！
燦爛的南十字星座高高照耀，
我們憑著雙手和赤誠的心辛勤開發耕耘，
要使我們的聯邦
顯赫於世界各國之林。
我們有一望無際的土地，

供遠渡重洋的人前來分享，紮根。
讓我們鼓起勇氣，合力齊心，
把美麗的澳大利亞推向前進。
在歡樂的樂曲聲中，讓我們高唱：
美麗的澳大利亞，前進！

　　我們發現，在前面那首歌裡出現的「不列顛的棄兒們」不見了，取而代之的是歡樂、勇氣和耕耘。這種變化產生於二十世紀五〇年代，產生的直接推動力是第二次世界大戰。戰前，澳大利亞人被濃重的民族自卑感籠罩著。他們的祖先是在英國社會不受歡迎，被驅趕出來的「賤民」，澳大利亞只是他們暫時的容身之所。它是英國的一塊附屬地，它的利益緊密地和英國的利益聯繫在一起。澳大利亞不是他們的祖國，英國才是他們承認的祖國，雖然他們正是被祖國拋棄的。

　　曾經擔任新南威爾斯州政府總理的亨利·帕克斯爵士寫過這樣一段話：「我們（指英國和澳大利亞）都屬於一個家庭，我們具有同樣的血統，同樣的信仰……我們都承繼了英國偉大祖先所留下的一切遺產。英國那豐富多采、包羅萬象的文學既屬於英倫三島，也屬於我們……〔英國的〕榮耀及其傳統之無與倫比的優越也全都是我們的。不管我們是否出生在英國國土，從各方面來看，我們是一個民族，屬於同樣的種族。」❶

　　「罪犯的傳統」使澳大利亞人對權威產生了相當強烈的不信任感。他們對警察和政治家的態度總是不信任的，其中帶有明顯的過激反應情緒。曾經有人說：「我們是最沒有保障的

---

❶　《從孤立中走向世界 —— 澳大利亞文化簡論》，黃源深、陳弘著，第一〇九、一一〇頁。

人。」——即使他們和強大的英國聯繫在一起。這些行動和言論說到底，也是自卑情緒的反映。對英國的完全依附更加劇了這種自卑情緒。我們知道，由於缺乏自信，容易導致承認自己先天不如別人，並進而容易習慣於仰視他人，從而喪失對自己應有的責任感。

當時，澳大利亞幾乎沒有自己的一種獨立的藝術形式，音樂、美術、文學，甚至宗教，都向英國學習，或者說是模仿。最要命的是小到服裝款式、飲食菜譜，都以英國人的樣式為時髦和標準。這等於把英國文化重新在一個新而陌生的環境中建立起來。但很顯然，這是行不通的。澳大利亞自有其特殊的自然環境和特殊的人口組成，並且不斷吸收著來自世界各地的移民。它是一個不同於英國的「國家」，它對英國的依附反而使得英國人更加自大，把澳大利亞人看成一群低俗、沒有教養、粗魯的人。

著名的英國首相溫斯頓·邱吉爾（Winston Churchill）曾說過這樣的話：「澳大利亞人是低劣人種的後代。」話裡包含的岐視意味真是再明顯不過了。其實，澳大利亞人的命運是任何在殖民地生活的人都會「享受」到的。他們的生活不掌握在自己手中，因為他們無法擺脫心底的自卑。自卑者心中往往會有疑問，而且通常希望別人幫他找答案。

我們是這樣的一些人

兩次世界大戰改變了澳大利亞人的命運，也使他們逐漸擺脫了困擾已久的自卑情緒。歷史學家公認第一次世界大戰中的加利波利戰役幾乎整個地改變了澳大利亞人的心態。這是人們

事先意想不到的事。加利波利戰役中，澳大利亞士兵奉命攻占土耳其沿海的加利波利要塞。這是一場傷亡慘重的戰鬥。由於英國人指揮失誤，加上自然條件的不隨人意，在九個月的時間裡，共有七六〇〇名澳大利亞士兵陣亡，一九〇〇〇名負傷。可是，人們卻被澳大利亞士兵的勇敢和堅強深深地感動了。這場戰鬥幾乎成為澳大利亞人美好品格的象徵，連英國人也不得不承認澳大利亞人付出的鮮血雖然換來的只是失敗，但這種失敗卻是令人感動的。英國詩人約翰·梅斯菲爾德讚揚澳大利亞士兵正是在這個時候。❷整個事態的發展讓人覺得充滿了戲劇性，而澳大利亞人正是藉了士兵們的形象，向世人證明了澳大利亞人是可以做出像樣的事來的。這個契機對澳大利亞這個國家來說真是得來全不費工夫，可也真的等了很久了。

但是，第一次世界大戰的影響並沒有擴大到文化領域；或者說，文化界還沒有來得及馬上把戰爭中澳大利亞人的面貌反映在各種藝術形式中。第二次世界大戰的爆發則徹底改變了澳大利亞的民族精神。

作為英國的依附國，當英國宣布對德作戰時，澳大利亞也馬上表明自己的立場，派出軍隊參加第二次世界大戰。但在戰爭初期，澳大利亞人對形勢的認識是非常淺薄的。早在一九〇五年日本戰勝俄國的時候，澳大利亞國內就已經有人預言，日本很有可能南下侵略澳大利亞。可當時的澳大利亞政治家並沒有意識到這種潛在的危機。直到一九二七年，日本將澳大利亞當成「待征服地區」時，澳大利亞人才開始感覺到問題的嚴重性。然而，他們並未採取任何有實效的行動。他們始終認為英國是澳大利亞最有力的支持，他們的外交政策一直以英國的政

---

❷　在第七章「變了味兒的英語」中曾提到過。

策為準繩。比如澳大利亞統一黨認為，光靠澳大利亞自己抗日是絕對不行的，主要還是得依靠英國在新加坡的海軍。

可是，隨著世界大戰的爆發和戰爭局勢的演變，澳大利亞人對戰爭逐漸有了新的認識和理解。幾乎在偷襲珍珠港的同時，日軍分別在馬來半島和菲律賓群島登陸，把新加坡作為進攻的最大目標。日本人登陸後，長驅直入，英國部隊則節節敗退，最後退到新加坡基地，準備做長期抵抗。就在日本人登陸後的第三天，日軍的飛機在馬來亞以東海域炸沉了英國主力艦「威爾斯親王號」和「卻敵號」。這不僅使英國部隊損失慘重，同時也使澳大利亞面臨了非常嚴重的威脅，因為這兩艘主力艦是保衛馬來亞、新加坡和澳大利亞的。由此澳大利亞人開始懷疑英國人是否有能力保護澳大利亞，同時開始認真考慮自己的出路。

當時的政府總理柯亭在一九四一年十二月二十九日的新年咨文中明確地向全國宣布：「我毫無保留地明白指出，澳大利亞期待著美國。這對我們與聯合王國的傳統血肉關係並無絲毫損壞。」他還說：「澳大利亞可能垮台，但英國仍然能夠支持下去。所以我們決心不讓澳大利亞垮掉。我們得盡一切努力擬定一個以美國為基石的計畫，使我國有信心堅持下去，直至戰爭的形式轉向對敵人不利的時刻。」

這些話明確地表明大多數澳大利亞人相信英國已經無力再保護澳大利亞了。相反，在太平洋戰爭中，美國是唯一能與日本人抗爭的力量，澳大利亞人應該和美國結成聯盟。事實是，一九四二年四月，美澳聯合司令部在墨爾本正式建立。（但有一點值得我們注意，這就是美國人的態度。當時的美國總統羅斯福對柯亭在新年咨文中所說的話表現出「最大的厭惡」，認為它表現出「恐慌與不忠」。這話顯然是指對英國的不忠。）

在第二次世界大戰中，澳大利亞付出了巨大的代價。他們的士兵自認為是世界上最堅韌不拔的戰士，是他們為自己的祖國贏得了聲譽。澳大利亞人從無限相信英國開始轉向對美國崇拜和信賴；尤其到了戰後，美國的影響更是無孔不入，受到大部分澳大利亞人的歡迎。戰後的澳大利亞逐漸擺脫了對英國的依賴，其自身也逐漸成熟起來；尤其是澳大利亞人中間具有冷靜的頭腦和遠大理想的知識分子更是對澳大利亞的未來充滿了信心。著名詩人 A・D・霍普在一首名為〈澳大利亞〉的詩中，用詩的語言表現了他的希望和理想，也是許多澳大利亞人共同的希望和理想：青山生不出的粗獷鮮紅會在這裡的荒原中奪路而出。人們把澳大利亞比作「年邁的母親──英國人健壯的兒子」。

但是，不管怎樣，英國對澳大利亞的影響仍是巨大的。這種影響來自澳大利亞的傳統，即它是作為英國的一個罪犯流放地而得到開發的，在它上面留下英國的痕跡是絲毫都不奇怪的。第二次世界大戰前，澳大利亞人認為為英國流血捐軀是理所當然的事，而且值得驕傲。那次著名的加利波利戰役就被澳大利亞人認為是為英國人而戰的，他們從未因此而覺得丟臉，並且慶祝攻打加利波利的澳紐軍團日（四月二十五日）是個非常隆重的節日，甚至比澳大利亞日（一月二十六日，慶祝第一批犯人登陸）更隆重。

二戰後，儘管澳大利亞的各類文藝作品逐漸擺脫了英國的影響，表現出獨立的民族性格，但傳統是很難被立刻消除的──英國和澳大利亞傳統中的淵源關係仍然持續著。「正如澳大利亞前總理鮑勃・霍克在一九九○年就澳大利亞的語言問題所發表的講話中所指出的，歷史決定了這個國家採用英語作為第一語言，英國的文化對澳大利亞也就具有了──始終具有

著——明顯或潛在的影響作用。」❸

　　這種傳統的影響表現在現實生活中，就是近 50％的澳大利亞人在英國有親戚。這足以證明，如果我們談到兩個國家的民間交往，那澳大利亞和英國決不是簡單的交往，而是一種切實、細緻、深入的交往。澳大利亞許多政界、文藝界和企業界的著名人士都與英國有著緊密的聯繫，他們有的在英國接受高等教育，有的和英國的著名人物私下裡建立了十分良好的關係，還有的在英國有大筆投資。比如被人稱作「霍加思❹再世」的澳大利亞畫家威廉・多貝爾，他青年時代在英國學習，深受英國和歐洲傳統的影響，回到澳大利亞以後，成為澳大利亞全國歡迎的人像畫家。澳大利亞著名的費爾法克斯父子公司總裁、墨爾本《時代》報總編德里克・卡耐基爵士是英國牛津大學的畢業生。澳大利亞國家足球隊聘請英國國家隊原總教練韋納布爾斯帶領澳大利亞隊走向九八年法國世界杯，但當澳大利亞隊負於伊朗隊，失去了進軍決賽圈的最後一張入場券時，韋納布爾斯並沒有向其他失敗的總教練一樣被炒魷魚，這可能也與他英國人的身分有關吧。

　　美國對澳大利亞的影響隨著二戰的結束逐漸增大。其實，當初英國政府之所以把澳大利亞作為罪犯流放地，與美國的獨立就有著直接關係。美國的歷史也許能作為澳大利亞學習的榜樣。並且，美國對澳大利亞的影響是與美國對整個世界的影響分不開的。我們知道，二戰以後，美國取代了英國原來在世界上的地位。同時，美國文化也對其他民族的文化產生了廣泛的

---

❸　《從孤立中走向世界 —— 澳大利亞文化簡論》，黃源深、陳弘著，
　　第一一六頁。

❹　威廉・霍加思（一六九七～一七六四），英國著名的畫家和雕刻家。

影響。

好萊塢電影的「攻擊力」是非常強大的，它幾乎把很多國家的電影業都擊垮了。澳大利亞雖然有像《鱷魚先生》這樣優秀，深受觀眾喜愛的電影作品，但在好萊塢面前仍顯得不堪一擊。尤其在二十世紀七、八〇年代，澳大利亞青年對美國電影的崇拜更是到了無以復加的程度。

澳大利亞有自己的流行音樂和著名歌手，像著名的流行音樂組合（air Supply）和（BeeGees）就是其中傑出的代表，他們的許多歌曲打入了美國、英國和其他歐洲國家的排行榜，成為青年人崇拜的偶像。但在澳大利亞，最受歡迎的仍然是美國的音樂和歌手，像美國歌星「貓王」艾維斯・普里斯萊就是其中之一。進入九〇年代，美國青年的心中偶像也成為澳大利亞青年人的偶像，好萊塢繼續著它的影響，美國音樂在澳大利亞也繼續馳騁在整個大陸上。

儘管美國文化無孔不入地進入澳大利亞，但我們清楚地看到，美國的文化精神和澳大利亞不同，因為它們彼此最深層的東西閃發著不同的光芒。比如下面這首詩中顯露出的美國人的氣質是我們在澳大利亞人身上找不到的。

> 雖然她讓我飽嘗痛苦，
> 用她的虎牙咬住我的喉嚨，
> 令我窒息，我承認
> 我熱愛這磨練我青春的人造地獄！
> 她的氣勢如浪潮湧入我的血液，
> 賦予我力量挺身反抗她的仇恨；
> 她的巨大如洪水衝激著我的生命。
> 然而就像一個造反者莊嚴地面對皇帝，

我在她的圍牆內屹然站立，

沒有恐懼、惡意或嘲笑的言語。

在暗中我展望未來的歲月，

只見她宏偉的花崗石奇觀

經準確無誤的時間巨手觸摸，

猶如無價珍寶陷入沙灘。

　　這是美國詩人克勞德·麥凱（Claude McKay）寫的一首名為〈美國〉的詩，它表現的是一種較澳大利亞人的平和更為激烈的感情，彷彿美國人的愛和恨都是濃墨重彩的。澳大利亞人則是暖色調的，是溫和的。

　　但正如澳大利亞前總理孟席斯曾說「我們遠不止此」，澳大利亞儘管受到英國和美國的巨大影響，隨著其經濟、文化的不斷發展，它正展現出與眾不同的民族個性，這種個性是決不可能與英國和美國相同的，因為歷史和自然決定了許多東西，澳大利亞人不能選擇自己的開始。

　　從這個國家的開始上講，她就與前兩者不同。英國人為自己的悠久歷史和貴族傳統驕傲；美國人把自己的祖先看成是一群敢於開闢理想樂園的勇敢者。澳大利亞人卻羞於談及自己的罪犯祖先，因此，他們不可能有英國人的矜持和高貴（哪怕是自封的），也沒有美國人的樂天和自信；他們也許更傾向於順其自然，置身事外。

　　從地理環境上說，英國與其他歐洲國家聯繫密切，人口與國土面積的比例恰當；美國幅員遼闊，是整個北美洲的中心。澳大利亞則地廣人稀，又處在一塊遠離其它大陸的陸地上。這在自然上造成澳大利亞遠離世界中心（無論政治還是文化），使澳大利亞人缺乏走在世界前面的信心。另外，澳大利亞在地

理位置上和東南亞國家聯繫密切，這使她不得不考慮把自己納為一個亞洲國家。也就是說，她有可能成為一個以白人為主的亞洲國家。澳大利亞人是否為此做好準備了呢？

從歷史上說，英國是個發展很早的資本主義國家，整體國力曾經達到世界第一；美國雖然歷史很短，卻迅速發展成世界第一。澳大利亞不僅歷史較短，且一直作為英國的依附國而存在，這對於建立民族自信心是很不利的。但澳大利亞近年來的巨大發展又逐漸改變了本國人的觀念，也許澳大利亞人在二十一世紀將能找到自己真正的位置。

「你往何處走？」的問題困擾著世界上的任何民族，每個有理智的民族都會認真地思考這個問題，並時刻準備著給出最圓滿的答案。澳大利亞人也在思考這樣一個問題：「澳大利亞往何處去？」他們不希望永遠跟在別人後面，他們希望有自己成熟的文化和民族性格，他們希望做獨立的澳大利亞人。

平等和不平等

「人生來是平等的。」這是美國《獨立宣言》中著名的一句話。人人平等也成為澳大利亞的一種民族精神。澳大利亞流傳著這樣一句俗語：「Jack is as good as his boss.」把它翻成中文就是：「傑克和他的老板一樣強。」或是：「小伙計也不比老板差。」從這句話裡，我們看到澳大利亞人不以身分論英雄的平等觀念。

其實，澳大利亞人的平等觀念最早可以追溯到澳大利亞被作為英國罪犯流放地的那一天（澳大利亞原始土著中也存在著樸素的平等觀念，那是由他們狩獵──採集的生活形態決定

的）。犯人的身分使澳大利亞人的先輩們從來就蔑視權貴和傳統，他們更傾向於和政府（也許政府就代表著正統）對著幹。他們也痛恨警察。直到本世紀，澳大利亞人都不對警察抱有好感。雖然出身卑微，但澳大利亞人一直希望不被出身所束縛，他們看不起因出身高貴而洋洋得意的人（哪怕這是一種自卑意識在作祟）。

十九世紀中期的「淘金熱」對澳大利亞人平等意識的形成和延續起了推動作用。當澳大利亞發現黃金的消息傳遍世界時，無數做著發財夢的人從各個國家來到這裡，希望能在這裡找到未來生活的依托。然而殖民政府的種種政策卻對淘金者的利益橫加限制，把許多不平等待遇加在他們頭上。後來，淘金者終於無法繼續忍受了，他們總結了在澳大利亞的種種遭遇，把它們歸結為三大不平等：執照費（英國殖民政府頒布了淘金者必須持有淘金執照和繳納執照費用的法令）的不平等待遇、土地問題上的不平等和政治上的不平等。一八五四年十月爆發的尤里卡事件就是淘金者爭取平等的實際行動。他們的到來和鬥爭給澳大利亞帶來了更為濃厚的平等氣息。

現代澳大利亞人之間保持著一種在外國人看來十分有趣的「伙伴」（mate）關係，這種關係和我們平時所說的朋友、同事、知心人的關係都有所不同。澳大利亞人相互之間非常信賴，彼此坦誠相待，社會生活中充滿相互合作的氣氛。

約翰‧根室在《澳紐內幕》中引用了一段日本人對澳大利亞人的評價：「為了更深入地了解澳大利亞人，日本人必須懂得，澳大利亞雖然不是一個社會主義國家，卻有著根深柢固的『伙伴情誼』這個因素，以及在工作地點以外所表現的『小伙計也不比他的老板差』這種真誠的態度。當權的澳大利亞人傾向於跟他們的頂頭上司或下屬保持像同事一樣親密的工作關

係，大多數事情是通過討論和商量，而不是靠行政命令完成的。一個海外國家，凡做出有害於澳大利亞或是有可能被解釋為高人一等的舉動，都會招致大多數澳大利亞人自發的敵視。這當然是不符合國際關係的最大利益的。」❺

日本人的評價確是很有道理的。他們還提到澳大利亞人中間流傳的另一句俗語：「Cut the tallest popies.」這句話翻成中文就是：「砍掉長得最高的罌粟花。」也就是平時中國人常說的「槍打出頭鳥」的意思。

我們在這裡看到的是澳大利亞人兩種不同的平等觀念。一方面他們有著積極的平等觀，他們反對權威，每個人都想做普通人，互相之間並不強調身分的差別；另一方面他們又同樣具有消極的平等觀，他們不允許別人處於比自己更為優越的地位，每個人都必須和自己一樣。奇怪的是這種矛盾的平等觀念是怎樣形成的？他們是如何和諧地存在於澳大利亞人身上的？

前面我們已經講過澳大利亞人面對英國時內心強烈的卑微感，即使二戰後這種卑微感逐漸有所減弱，但依然是澳大利亞人的一塊心病。內心的卑微感表現出來，就是對平等的熱烈追求。然而，為了掩飾這種卑微感，還可能產生一種拒絕優越的態度，也就是非常庸俗的平等觀念，實際上是拒絕競爭。我們很難把澳大利亞人身上這兩種平等觀念分得清清楚楚：到底什麼行動是受了哪種平等觀念的支配。但有一點非常清楚：澳大利亞人的平等觀念並非來自先天，它是歷史造成的，是被逼出來的。

澳大利亞的多元文化可以看成是澳大利亞人平等觀念的具體表現。澳大利亞在白人到來之前，只有當地的黑人土著。後

---

❺　《澳紐內幕》第 54 頁。

來由於殖民者採取的種族滅絕政策，土著的人數急劇減少，幾乎成了這片土地上很小的一個人群。英國人成了最初主要的移民。當他們成為這裡的主人之後，來自其他國家的移民被稱作少數民族的移民，其中，尤其以意大利、希臘和德國人為主。以意大利人為例，他們是在「淘金熱」那段日子被吸引到澳大利亞，很多人在這裡積聚了一些財富後投資從事甘蔗種植業和製糖業，還經營農場。一直到二十世紀二〇年代初，澳大利亞的意大利移民並不多。隨後十幾年，人數開始增多，直到第二次世界大戰後，意大利移民的數量直線上升，成為澳大利亞少數民族中人數最多的一個。因為戰後澳大利亞勞動力緊缺，非常需要來自外部的補充，而意大利由於戰爭失敗，國內經濟處於崩潰的狀態，人們的生活條件十分艱苦，移民他國就成了活下去的一個辦法。就這樣，他們來到澳大利亞，並千方百計爭取獲得澳大利亞的國籍。

除了這三個國家的移民，澳大利亞還吸收了來自南斯拉夫、西班牙、捷克、美國、土耳其、波蘭、中國、日本、印尼、印度等國家的移民。他們在澳大利亞既保持著自己原來的民族傳統（這使澳大利亞人有機會吸收各民族的生活特點），又把其他民族的習俗融入自己的生活中。

在這個吸納移民的過程中，澳大利亞人表現出來的態度是比較爽快的（當然，這是他們對待歐洲移民的態度。對待亞洲移民的態度，我們將在後面提到），他們不再用「南歐佬」、「波蘭佬」這種帶有明顯輕蔑意味的詞兒稱呼他們身邊的移民，而改用一個中性的詞兒「新澳大利亞人」。這個詞兒表現出的是澳大利亞人相對上比較寬容的態度。我們知道，這是一個社會試圖較圓滿地解決移民問題的前提條件。

然而，在移民大潮中，總有一種不和諧的聲音存在。這讓

我們遺憾地看到澳大利亞的不平等。最著名的就是「白澳政策」。這是一項澳大利亞自建國以後長期執行的基本國策。它是一項只允許歐洲白人（主要是不列顛人和愛爾蘭人），而不允許或限制亞洲人和太平洋人移民到澳大利亞的種族歧視政策。這個政策的實施是有其歷史淵源的。十九世紀四○年代，農場主和牧場主雇用了有色人種從事農牧業，但他們認為有色人種和英國人通婚以後會混雜英國人的血統，也會降低英國人的生活水平，所以生出了對有色人種的歧視。進入五○年代，大批華人從印尼來到澳大利亞淘金。華人憑著自己的勤勞，獲得了財富，當時其他國家的淘金者都非常嫉妒他們。他們說：「（中國人）勤勞並且有勤勞者通常都有的好運氣。」整個五○年代爆發了多次排華浪潮。

而使「白澳政策」正式出籠的是驅逐多餘的喀納喀人（Kanaks）所引起的。從種族上說，喀納喀人屬於太平洋上的美拉尼西亞黑人，他們是被人口販子（當時這些人被叫作「Blackbirders」從太平洋上的島嶼上販來的。他們在昆士蘭成了白人製糖業和種植甘蔗業的重要幫手。但是，當白人不再需要勞動力時，他們就理所當然要被驅逐出境了。

「白澳政策」正給白人提供了一個很好的藉口。一九○一年，一系列法案的誕生表明了澳大利亞政府的種族歧視政策已被法律化了。在這種政策指導下，進入澳大利亞的移民幾乎全是歐洲人，主要是來自英倫三島。

可是，當澳大利亞的「白澳政策」受到來自各方的批評時，他們所做的辯解實在讓人哭笑不得。人們把他們比作腦袋埋進沙子裡的鴕鳥真是一點兒也不錯。

歷史學家 A・G・L・蕭說：「任何一個人只要看看南非或美國南部各州的情況，便不能不感到高興，因為澳大利亞至

少還從來沒有必要面對有色人種這個問題。」這讓我們不由得想到了魯迅先生筆下的阿 Q 先生，處處逃避又自我滿足、自我麻醉。這樣的消極心理是不可能適應民族發展之需要的。

「白澳政策」受到越來越多人的反對，墨爾本大學講師肯尼斯‧利韋特領導的移民政策改革小組進行的有關移民問題的民意測驗表明：一九五四年，主張禁止有色人種入境的人占 61%，主張允許有色人種入境的占 31%。到了一九五九年，兩者的比例發生了倒反的變化，前者降至 34%，後者升至 55%❻。六〇年代以後，澳大利亞開始接受世界各國的思想，種族歧視逐漸受到人們的冷眼。

縱觀澳大利亞種族歧視政策的發展和演變，我們也許要把它的產生原因最後歸結到澳大利亞人的心理特徵上去，也就是我們在前面提到的濃重的自卑情緒。照理說，採取種族歧視政策的國家一般都有著強烈的種族優越感，認為自己高人一等。然而，澳大利亞的情況可能並不這麼簡單。一方面，澳大利亞人確實有膚色上的驕傲感——這是與當時全世界的種族歧視潮流分不開的；另一方面，澳大利亞人心底的自卑感使他們急於想找到在現實生活中的優越位置，種族歧視正是實現這種優越感的一個途徑。澳大利亞人對待非白種移民的態度與與他們當初對待土著的態度是一樣的。他們對英國主流社會的自卑情緒必須找到另一個渠道來轉變，而土著正好成了他們心理上的「出氣筒」，他們從中找到不少安慰。可不論是當初的安慰還是現在的滿足，澳大利亞人實際上都是在自我欺騙，他們也承認了這種自我欺騙的可笑，認識到自卑情緒對整個澳大利亞民族的傷害是非常大的。

---

❻　《澳洲史》，張天著，第三四四、三四五頁。

澳大利亞整個民族的自卑情緒造成的互相矛盾的平等觀念，使他們的「平等」既不同於美國人所謂的平等，也不同於日本人所謂的不平等。「就實際而言，在美國大部分歷史上，憲法制定人、立法者和法官都避免委托國家來保護個人平等。他們既不公開讚揚形式平等（表面上個人平等的待遇），也不提倡實質性的平等（人人得到平等待遇）。」❼

　　但在現實生活中，美國人相互之間的關係還是被認為是平等的。美國人類學家露絲・潘乃德（Ruth Benedict）在她的名著《菊與刀》中曾引用了一段法國人阿列克斯・托克維（Alexis de Tocqueville）在《論美國的民主》中對美國人的評價：「他們的社會交往建立在一個新而和諧的基礎之上。人們都以平等身分交談。美國人從不拘泥於等級的禮節等枝葉小節，既不要求別人有這些禮節，也不對別人施予這些禮節。他們喜歡說的是，自己沒有受任何人的恩惠。那裡沒有古老貴族式或是羅馬式的家族，在舊世界占統治地位的社會等級制消失了。他說，這些美國人信奉的就是平等，除此之外，幾乎別無可信。甚至對自由，有時也會在無意中忽視，平等卻是生命之所繫。」❽

　　他的這段話說得美國人心裡樂開了花。但有一點是肯定的，即美國人相互之間的等級差別幾乎不存在。這產生於美國人心理上的優越感而非像澳大利亞人心底的自卑感。

　　與美國和澳大利亞不同的日本，她的不平等是表現在外面的，已經成為日本民族有組織的生活準則。西方人認為日本社

---

❼　《奴役與自由・美國的悖弘》──美國歷史學家組織主席演説集，第五七三頁。

❽　《菊與刀》，商務印書館一九九〇年六月第一版，第 33 頁。

會依然是個貴族社會，等級制已經深入日本人的日常生活，日本人離開它是不能生活的。而當我們解釋日本的這種情況時，顯然應該把原因歸結到日本人「各得其所」的信念，等級制的基礎——按性別、輩分、長嗣繼承等區分社會人群，以及中國封建文化對日本的巨大影響，但卻找不到像澳大利亞民族因其傳統而形成的自卑心理。所以，我們也許可以把澳大利亞人矛盾的平等觀念看成是罪犯傳統和英國影響的產物，它對澳大利亞人的平常生活都產生了很大的作用。

平等和不平等是一個很難解釋清楚的問題，正如我們在前面關於澳大利亞原始土著的介紹中談到婦女的地位是個很難一下子講清楚的事，我們不能憑一些表面現象就判定男女地位的平等和不平等。

二十世紀六、七○年代，整個世界掀起了一股反傳統的潮流，美國在這股潮流中起了帶頭作用。澳大利亞也不可避免地受到影響，而且澳大利亞的青年人大多將美國人奉為榜樣。反傳統的各種觀念中尤以女性的反傳統最為突出。以往社會角色的分配基本上是男子統領天下，女子依附於男子，但現在的澳大利亞婦女大多堅持在照顧家庭之餘外出工作。她們希望有經濟實力養活自己。在四○年代，澳大利亞的普通人還把性行為看成是下流的，但到了現在，性觀念已經較以往開放許多。很多人只是結成事實上的家庭，而不在乎結婚手續。並且，人們對待同性戀的態度也發生了改變。

婚姻不再成為婦女的終身依靠，很多澳大利亞婦女終身不嫁，或者在婚姻不幸時毫不猶豫地考慮離婚。選擇不嫁的女子大多是一些富有獨立精神的職業婦女，她們的事業心很強，不願意因為婚姻和家庭而放棄自己喜愛的工作；而全身心撲在工作上又使她們失去許多覓得心上人的機會。澳大利亞的社會風

氣並不以單身不嫁為恥，澳大利亞人不會對別人的私事給予過多的關心。當婦女們選擇了離婚以後，她們從不怨天尤人，大多能保持一種冷靜的心態；她們選擇理智地面對生活的坎坷。

我們很難憑此就斷定澳大利亞婦女享受著平等的待遇，因為她們和其他國家的婦女一樣，也面臨著許多其它問題。但有一點是可以肯定的，即澳大利亞婦女的地位較從前有了很大的提高，她們享受著一定程度的平等，並且讓許多國家的婦女非常羨慕。

澳大利亞的民族心理在二十世紀這百年內發生了很大的變化，也許是因為這一百年裡發生了太多驚天動地的事。這些事從表面上看，似乎對澳大利亞並沒有直接的影響，但如果將它們綜合起來向深處看，我們就會發覺，原來它們對整個澳大利亞產生了多麼巨大的牽動。種種影響匯聚一起，就在很大程度上改變了澳大利亞人的民族性格、民族精神和各種觀念，這些改變又是在澳大利亞雖然不長卻重要的傳統上進行的。所以，我們清晰地看到了歷史和現實的共同作用，他們共同把澳大利亞帶到了今天。

享受・快樂・運動

澳大利亞人是很會享受生活的人；澳大利亞人是一群快樂的人；澳大利亞人也是熱愛運動的人。

一九七〇年十二月，教皇保祿六世訪問悉尼（雪黎），並對澳大利亞人發出了耐人尋味的告誡。他希望人們不要受（個人中心、追求享樂和色情慾望」的誘惑。他也許是希望澳大利亞人不要過於追求享樂。可是，很明顯，他的教訓對於澳大利

亞人來說，並沒有產生實際的效用。

　　澳大利亞的大部分人喜歡縱情享樂，他們不願意把時間都花在工作上，即使是四十小時的工作周，實際的工作時間也只有三十五個小時多一點。他們決不像日本人那樣沒命地辛苦工作，即使額外的工作有豐厚的報酬。甚至他們在對待工作的態度上也比美國人更為隨便和寬鬆。正如根室在《澳紐內幕》中引用的一位悉尼女記者的話所說的：「澳大利亞確是幸福的，因為他們有意識地把宗教和哲學拋開不管，盡情享受他們所有的一切：繁榮、對世界各種問題的不聞不問、充足的陽光。」❾澳大利亞人從不會在工作上孜孜不倦，全身心投入。他們認為，只要過得去就可以了。

　　所以，通常情況下，我們很難看到澳大利亞人像日本人那樣堅韌不拔。有一個關於日本武士的小細節：武士們奉命要做到即使餓得要命，也必須裝出吃完飯的樣子，而且還要裝模作樣地用牙籤剔牙。日本人中間流傳著這樣一句諺語：「雛禽求食而鳴，武士口含牙籤。」像這樣忍受極端肉體之痛苦的事在澳大利亞是決不會聽說的。澳大利亞人更願意滿足於現狀，他們從不想為達到目的花上太多代價。澳大利亞人寧願把時間用在享受生活上，他們周末常進行戶外活動，划船或散步，一定沐浴在陽光裡；即使是待在家裡看電視、整理花園或修飾房間，也要比在辦公室裡埋頭工作更好。

　　可是，正如我們想像的和碰到的，生活從來就不可能只是舒心和一帆風順，任何人都會在平凡的日子裡遇到各種各樣的麻煩事兒。人們對待挫折的態度也能體現出一個民族的心態。澳大利亞人似乎從不把挫折當回事兒。然而，與你想像的不一

---

❾　《澳紐內幕》第 47 頁。

樣，他們並沒有用「失敗是成功之母」之類的話鼓勵自己。相反地，他們不認為自己碰到了挫折。他們是從另一個角度看待問題的。澳大利亞人愛說的一句話是：「滿不錯了！」也就是對當前的狀況表示肯定。即使做不到更好，又有什麼關係？在這裡，我們可以把這句話理解成是寬心話，在它後面是一種寬鬆的心態。擁有這種心態的人不願意去體驗什麼是緊張，什麼是艱難，他情願選擇弛緩和輕鬆。

澳大利亞國歌的第一句就出現了「歡樂」這兩個字，它充分體現出澳大利亞是個快樂的民族靈然很多人認為澳大利亞人的快樂是一種把腦袋埋進沙子裡的「天真的快樂」（澳大利亞人面對亞洲人的壓力和移民問題，他們選擇迴避，而不是積極地解決）。澳大利亞人的這種快樂也許是他們重視享受生活所帶來的，他們習慣於把生活的種種煩惱丟在一邊，不想杞人憂天，自尋煩惱。

有這樣一首叫作〈肩囊旅行〉的民謠，它在澳大利亞家喻戶曉，也許從中能讓你看到澳大利亞人快樂的形象——

> 有個快樂的流浪漢，宿在水塘旁，
> 一棵桉樹遮蔭在頭上，
> 他邊唱邊看邊等鐵罐裡水燒開，
> 「誰來和我背著肩囊去流浪？
> 背著肩囊去流浪，
> 背著肩囊去流浪，
> 誰來和我背著肩囊去流浪？」
> 他邊唱邊看邊等鐵罐裡水燒開，
> 「誰來和我背著肩囊去流浪？」
>
> 過來一頭羊，飲水到池塘。

跳起流浪漢，嘻嘻哈哈逮住羊。
他邊唱邊往袋中把羊藏，
「你來和我背著肩囊去流浪！
背著肩囊去流浪，
背著肩囊去流浪，
你來和我背著肩囊去流浪！」
他邊唱邊往袋中把羊藏，
「你來和我背著肩囊去流浪！」

來了一個牧場主，騎的馬兒真叫棒，
跟著騎警一二三：
「誰的好羊你敢往袋中藏？
你還是乖乖跟我走！
乖乖跟我走，
乖乖跟我走，
你還是乖乖跟我走！
誰的好羊你敢往袋中藏？
你還是乖乖跟我走！」

跳起流浪漢，一躍進水塘。
「別想活著抓住我！」他嚷嚷。
從此水塘旁，他的鬼魂怨聲響：
「你來和我背著肩囊去流浪！
背著肩囊去流浪，
背著肩囊去流浪，
你來和我背著肩囊去流浪！」
從此水塘旁，他的鬼魂怨聲響：

「你來和我背著肩囊去流浪！」[10]

流浪漢的快樂也許在我們看來是很可笑的，但其中折射出的是一種難得的「笑對死亡」的精神。澳大利亞人似乎並不在乎事情的成功和失敗，他們更看重事情本身是否能讓他們獲得快樂。

我們知道，不能把澳大利亞人愛享受生活和他們天真的快樂歸結於上帝的賜予，更不是澳大利亞土著祖先們的賜予，他們的這種民族性格更大的程度上是由於歷史傳統和社會生活的實際情況所造就的。

由歷史造成的自卑情緒反映在現實裡，就是渴望對生活的充分占有，任何與此無關的事都不會成為主要問題。

澳大利亞位於一塊遠離其它大陸的陸地，空間上的距離雖然因為現代通訊技術的發展，不再成為人們交流的障礙，但澳大利亞人心理上從未將自己納入世界中心的範圍，而且儘管他們極力想擺脫英國的影響，可這種影響至今仍在澳大利亞留下了各種蛛絲馬跡。而且，不能否認的是，宗教的影響在澳大利亞要較在英國小得多，人們更注重現世的生活質量，而不太考慮來世的日子。因此，充分享受生活和快樂地生活也就成為情理中的事了。

〈全書終〉

---

[10] 《澳大利亞文學作品選讀》，黃源深編，第一二一～一二三頁。

國家圖書館出版品預行編目資料

澳大利亞的智慧／林在勇、邵育群著 -- 初版 --
新北市：新視野 New Vision，2020. 04
　　面；　公分--
　　ISBN 978-986-98808-3-1（平裝）
　　1. 文化　2. 澳大利亞
771.3　　　　　　　　　　　　　　109001917

澳大利亞的智慧

林在勇、邵育群　著

主　　編　顧曉鳴
企　　劃　林郁工作室
出　　版　新視野 New Vision
責　　編　林郁、周向潮
　　　　　電話：（02）8666-5711
　　　　　傳真：（02）8666-5833
　　　　　E-mail：service@xcsbook.com.tw

印前作業　菩薩蠻數位文化有限公司
印刷作業　福霖印刷有限公司

總 經 銷　聯合發行股份有限公司
　　　　　新北市新店區寶橋路 235 巷 6 弄 6 號 2F
　　　　　電話 02-2917-8022
　　　　　傳真 02-2915-6275

初版一刷　2020 年 05 月